国家开放大学学习指南

《国家开放大学学习指南》编写组 编

The Open University of China
Learning Guide

2023版

国家开放大学出版社·北京

图书在版编目（CIP）数据

国家开放大学学习指南：2023版 /《国家开放大学学习指南》编写组编 .—北京：国家开放大学出版社，2023.1（2023.5重印）

ISBN 978-7-304-11633-0

Ⅰ.①国… Ⅱ.①国… Ⅲ.①开放大学—指南 Ⅳ.①G724.82-62

中国版本图书馆CIP数据核字（2022）第221815号

版权所有，翻印必究。

国家开放大学学习指南（2023版）
GUOJIA KAIFANG DAXUE XUEXI ZHINAN（2023 BAN）
《国家开放大学学习指南》编写组　编

出版·发行　国家开放大学出版社
电话：营销中心 010-68180820　　　总编室 010-68182524
网址：http://www.crtvup.com.cn
地址：北京市海淀区西四环中路45号　邮编：100039
经销：新华书店北京发行所

策划编辑：张　暾　　　　　版式设计：何智杰
责任编辑：李京妹　　　　　责任校对：张　娜
责任印制：武　鹏　马　严

印刷：三河市华骏印务包装有限公司
版本：2023年1月第1版　　　2023年5月第3次印刷
开本：165mm×235mm　　　印张：9　字数：130千字

书号：ISBN 978-7-304-11633-0
定价：16.80元

（如有缺页或倒装，本社负责退换）
意见及建议：OUCP_KFJY@ouchn.edu.cn

校长寄语
President's message

同学们:

大家好!

我代表国家开放大学 500 多万师生员工对你们加入国家开放大学学习表示热烈的欢迎和衷心的祝贺。

国家开放大学是一所以习近平新时代中国特色社会主义思想为指导,以立德树人为根本任务,立足中国国情,扎根中国大地,充满生机、充满活力的大学。学校着眼于中国教育现代化 2035,利用全球化教学资源,培养德智体美劳全面发展的社会主义建设者和接班人,是一所新型互联网大学。此外,国家开放大学还是办学网络覆盖全国城乡,学历、非学历教育并重,服务于全民终身学习的新型大学。

国家开放大学是在中央广播电视大学基础上设立而成的,它与遍布全国的地方开放大学共同构成开放大学体系。作为中国远程教育的拓荒者,1978 年,改革开放的总设计师邓小平同志亲自批准建立了中央广播电视大学,从此一所新型的大学在中国高等教育体系里诞生了。2012 年国家开放大学正式挂牌,这标志着国家开放大学迎来了全新的转型升级时代。国家开放大学以促进全民终身学习、推进学习型社会建设为根本办学宗旨。在办学的过程中，国家开放大学始终强调五大办学理念："开放、责任、质量、多样化、国际化"。它以现代信息技术为支撑，利用"一体化、一站式"的远程教育网络平台，集聚优质资源、实现全社会优质资源共享，通过现代信息技术，把教学过程中的"教、学、辅、管、研、控"融为一体，全面推进教学、科研、管理工作，提升学校人才培养质量和水平，为学习型社会提供重要支撑。

截至2022年秋季，国家开放大学具有招生资格的专业（方向）239个，其中包括12个高中起点本科专业（方向），61个专科起点本科专业（方向），166个高中起点专科专业（方向）；拥有5900余个涉及不同专业、覆盖全国的向学生提供支持的教学团队；服务来自不同地域、各行各业的509.2万名学历教育注册学生。在这509.2万名学生中，有3800多名残障学生、12万多名士官学生和24万多名农民学生。

经过国开人的不懈努力，学校事业不断迈上新台阶，办学能力和水平不断提升，社会声誉、形象、评价不断好转，来自政府、社会的各种支持也越来越多，我们的学历证书得到了国际上的广泛承认。目前国家开放大学已经拥有学士学位授予权，并且与政府、行业、企业形成了多种模式的合作关系。这些，为国家开放大学今后建设发展奠定了坚实的基础。学校将进一步加快提升信息化现代化水平，集全校之力申办专业硕士学位，多措并举提升办学体系凝聚力，做大做强非学历教育，凝心聚力营造科研氛围，进一步加强国家开放大学的质量和内涵建设，将国家开放大学办成一所受人尊敬的大学。站在新的历史起点，国家开放大学以习近平新时代中国特色社会主义思想为指导，全面贯彻党的二十大精神，以史为鉴、开创未来，埋头苦干、勇毅前行，以深入落实

《国家开放大学综合改革方案》为核心，以实施学校"十四五"规划为抓手，以高质量发展为目标，稳字当头、稳中求进，推进"四个转变"，打造"四大平台——终身教育的主要平台、在线教育的主要平台、灵活教育的平台、对外合作的平台，实施学历教育创优提质、社会培训发展壮大、老年大学做优做强三大战略，努力成为服务全民终身学习的重要力量和技能社会的有力支撑。

国家开放大学已经走过40多年历程。40多年来，学校解决了两代人的学历补偿问题，积累了远程教育的丰富经验，探索了开放教育的新途径、新方法，为我国改革开放和现代化建设做出了重要贡献。当前我们所处的时代，既是近代以来中华民族发展的最好时代，也是实现中华民族伟大复兴的关键时代。一代人有一代人的使命，擦亮国家开放大学牌子的重任落到了你们这代人身上。与一百年前的前辈相比，你们是幸运的。今天的你们既拥有广阔发展空间，也承载着伟大时代使命。你们的个人前途命运将和这个伟大时代紧密结合，这是你们最大的人生际遇，也是最大的人生考验。期待你们读懂"时代之书"，融入时代潮流，在实现"中国梦"的生动实践中放飞梦想，在为人民利益的不懈奋斗中书写人生华章。不忘初心，方得始终。作为将参与和见证"中国梦"最终实现的年轻建设者，你们生逢其时、重任在肩。你们的个人梦想天然地、历史地与"中国梦"紧密联系在一起。

同学们，国家开放大学将尽一切努力，为你们学习成长提供全方位服务，我相信，大家在国家开放大学也必将学有所成、实现理想、报效国家。这里我提几点希望，与大家共勉：

第一，努力成为品德高尚的人。"爱国、励志、求真、力行"，是新时代对新青年提出的根本要求。治学不仅仅是学识增长、学术增进的过程,更是品格塑造、修身正己的过程。希望你们心存高远的目标,并且坚定地朝着这个目标努力奋进;希望你们铸就理想信念、锤炼高尚品格,与国家和人民同呼吸、共命运;希望你们树立正确的世界观、人生观、价值观,坚守良知,做对国家、民族和人民有益的人,在促进社会发展的同时,实现自己的人生价值;希望你们修身立德,做到品德高尚、身心健康,做社会主义核心价值观的弘扬者和践行者。

第二,努力成为求真务实的人。"君子强学而力行",或许获得大学文凭是你们加入国家开放大学最初的动因和目标,这无可厚非。但是,系统地学习和掌握专门知识,增长真才实学,才是你们实现未来梦想的基石。每一项事业,不论大小,都是靠脚踏实地、一点一滴干出来的,学习的过程也一样。认真学习的过程是提升自我的必由之路,除此以外,没有捷径。你们可以采用以自主学习为主,网络学习和面授辅导相结合的学习模式,通过互联网及各种终端,按照学校各专业的学习任务安排学习进程。国家开放大学将通过各种途径为你们的学习提供最大程度的支持和帮助。不经风雨,哪见彩虹,不经历学习的艰辛,哪能登上人生的新高度。希望你们学思结合,成为具有社会责任感、创新精神和实践能力的人才。

第三,努力成为技艺超群的人。"不怕千招全,就怕一招绝",希望你们刻苦学习,掌握一技之长,创造辉煌人生。世界在变,社会也在变,21世纪以来,新技艺、新业态、新模式层出不穷,科技革命突飞猛进。希望你们在学好专业知识的同时,更加注重拓宽视野、提升素养、增长技能、练就本领,国家开放大学在提供专业教育的基础上，还给大家提供了很多获得职业资格证书的机会，努力让你们在获取知识的同时也掌握一技之长，具备新时代的职业精神、工匠精神；希望你们在扎实打好专业基础的前提下，积极了解学科与专业的最新发展趋势，在提高职业胜任力的同时，注重更广博知识技能的积累，未来我们将实行课程开放和弹性学分制，把课程选择权交给你们，就是基于这方面的考虑。

第四，努力成为自觉自律的人。"自律的程度，决定你人生的高度"，作为国家开放大学的学生，你们在学习的过程中，可能会遇到时间冲突、工学矛盾、家庭负担等现实问题，可能会产生信心不足、动力不强等畏难情绪。越是困难越需要理想和信念的坚守，越是困难越需要奋斗精神和奋斗意志。希望你们做好时间管理，学会自主学习，不松懈，不虚度；希望你们自律、自觉、自信、自强，坚守科学精神、恪守学术道德、严守治学规范、笃守研究兴趣，志存高远、奋发图强，用自律创造自由，成为你想成为的那个人。

同学们，国家开放大学必将因你而精彩。全体国开人将伴你一路前行，共续华章。

"吾生也有涯，而知也无涯。"让我们共同努力，心无旁骛，努力学习，让我们同心同德、同向同行，让我们拧成一股绳，共筑国开梦、中国梦！

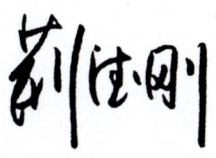

2022 年 11 月

前 言
Preface

国家开放大学是在中央广播电视大学基础上设立而成的，它与遍布全国的各级开放大学（广播电视大学）共同构成开放大学体系，是以现代信息技术为支撑，办学网络立体覆盖全国城乡，学历和非学历继续教育并重，面向全体社会成员，新型互联网大学。其基本架构是总部、分部、学院和学习中心。国家开放大学以促进全民终身学习、推进学习型社会建设为根本宗旨，在办学的过程中强调"开放、责任、质量、多样化、国际化"五大理念。国家开放大学采用以自主学习为主，网络教学、面授辅导和全面全方位的支持服务相结合的学习模式。

"国家开放大学学习指南"这门课程基于职业教育理论进行整体设计，以学生在国家开放大学完成一个专业的学习过程为内容主线。课程内容选取的是完成国家开放大学学习的必备知识，尽可能清晰、简洁、实用。课程内容组织基于问题和模块化，以完成学习任务的形式呈现。

课程以完成学习任务的过程为导向，从了解和认识国家开放大学开始，让学生学会如何通过线上线下相融合的学习方式方法完成一门课程、一个专业的学习，能够在国家开放大学的教学模式下完成学习任务，熟悉国家开放大学学习网上的基本术语，掌握学习网上的基本工具，了解国家开放大学学生相关事务与管理规定，能够结合自身实际，利用好国家开放大学所提供的支持与服务。

全书由五个学习活动构成，每个学习活动包括问题提出、问题解决、评价与反思、拓展知识等模块。每部分内容生动丰富，图文并茂，增强了教材的直观性和易读性。

课程考试在"国家开放大学学习指南"网络课程学习中同步完成。

《国家开放大学学习指南（2023版）》相较之前版本进行了修订。修订工作由古小华、申娟、夏冬梅、王菲、孙励、高园园、刘慧、吴淑苹、熊伟、张红丽、狄晓暄完成。全书由古小华、申娟统稿。

本书在编写过程中得到了北京交通大学陈庚教授，西安开放大学宋锋教授，国家开放大学刘臣教授、杨孝堂教授、李松教授、匡贵秋副研究员、蒋国珍教授、张志军副教授等的大力支持和帮助，他们在内容编排、写作风格、文字表述等方面的许多真知灼见使编写者受益匪浅。国家开放大学出版社编辑的建议也为本书增色不少。在此致以诚挚的感谢和敬意。

虽然本书是汇聚众多智慧完成的，但编写者水平有限，书中不足之处敬请各位老师和同学批评指正。

《国家开放大学学习指南》编写组

2022年11月

二维码学习资源目录

Contents

序号	学习资源名称	学习活动	页码
1	开放云书院用户使用手册	一	15
2	开放云书院微信公众号	一	15
3	如何获取数字化学习资源	一	15
4	国家开放大学学分银行信息平台	二	31
5	"i国开"APP	三	51
6	《关于印发〈国家开放大学学生考试纪律与违规处理办法（试行）〉的通知》	三	65
7	《关于印发〈国家开放大学本专科专业课程免修、免考管理暂行办法〉的通知》	三	70
8	"国家开放大学图书馆"微信公众号	四	88

目 录
Contents

学习活动一：认识国家开放大学 1
    任务一 走进国家开放大学 1
    任务二 学习途径与方式 10

学习活动二：进行专业学习 23
    任务一 走进专业 23
    任务二 专业学习过程 27
    任务三 毕业、学位授予及转学 33

学习活动三：完成课程学习 40
    任务一 进入课程学习 40
    任务二 关于课程考试 57
    任务三 课程免修、免考 67
    任务四 课程学习中的互动与分享 70

学习活动四：掌握网上学习操作技能 73
    任务一 网上学习操作 73

任务二　常用上网工具 78
　　任务三　数字图书馆 81

学习活动五：了解学生事务服务 93
　　任务一　认识学生事务服务 93
　　任务二　参加学生活动 97
　　任务三　如何寻求帮助 106
　　任务四　如何获得奖励 108

附表 121

CHAPTER 1 学习活动一：认识国家开放大学

同学们，欢迎来到国家开放大学学习。它是一所什么样的大学？在这里学习，又有哪些特别之处呢？下面，就让我们一起来了解一下吧。

任务一　走进国家开放大学

小李，你也报名了国家开放大学的学习吗？

是啊！小闫，我听说国家开放大学为学生提供了丰富的课程和学习资源以及多种学习方式。我想，总有一种适合我！

问题提出

1. 国家开放大学有什么特别之处？
2. 国家开放大学的办学特色是什么？
3. 同学们可以选择哪些专业或课程进行学习？

问题解决

1. 国家开放大学有什么特别之处？

国家开放大学是教育部直属的，以促进终身学习为使命、以现代信息技术为支撑、以"互联网+"为特征、面向全国开展开放教育的新型高等学校。其前身是邓小平同志于1978年亲自倡导并批示创办的中央广播电视大学，于2012年7月更名为国家开放大学。国家开放大学积极贯彻落实党的二十大精神，始终以办好人民满意的教育为宗旨，贯彻党的教育方针，落实立德树人根本任务。学校在教育部领导下开展学历教育和非学历教育，统筹全国开放教育体系建设，指导和服务全国开放教育办学业务，着力建设终身学习公共服务平台，面向全民提供终身教育及服务，促进"人人皆学、处处能学、时时可学"。

学校现具有招生资格的本专科专业226个，现有在籍学生509.2万人，非学历教育人次数以亿计。办学体系现有专兼职教师约14万人，形成了由1个总部、45个分部、3 726个学习中心组成的覆盖全国城乡的办学体系。建校40多年来，学校解决了两代人的学历补偿问题，探索了中国继续教育的实现路径，积累了终身教育的办学经验，为我国改革开放和经济社会发展做出了积极贡献。

面向农村：国家开放大学通过实施教育部"一村一名大学生计划"和"开放教育——乡村振兴支持计划"，为广大农村培养"留得住、用得上"的技术和管理人才。2021年4月6日，联合国教育、科学及文化组织（United Nations Educational, Scientific and Cultural Organization，UNESCO，简称联合国教科文组织）巴黎总部宣布，国家开放大学"一村一名大学生计划"荣获联合国系统内教育信息化最高奖项"联合国教科文组织哈马德·本·伊萨·哈利法国王2020年度教育信息化奖"。

面向基层：为更好地满足国家经济转型、产业升级和改善民生战略的需要，国家开放大学实施了"新型产业工人培养和发展助力计划"及"产业工人求学圆梦行动"，面向生产和服务一线的在职职工开展学历与非学历继续教育，服务企业转型升级，助力职工成长发展。

面向少数民族地区：为维护边疆稳定，振兴民族地区教育，国家开放大学面向新疆、西藏等少数民族地区培养急需的人才。

面向士官：为推进科技强军，提高部队士官的素质，国家开放大学先后建立了八一学院、总参学院①、空军学院、军盾学院（主要面向武警部队士官）等，并与中央军委训练管理部军事教育局合作，把优质教育资源输送到祖国的雪域高原、边防海岛，实现了士官学生"不出军营上大学"的梦想。

国家开放大学还成立了残疾人教育学院，为残障人士平等、

---

① 总参学院于2016年停止办学。

充分地参与社会生活开辟了新途径。

作为我国终身教育的主要平台，国家开放大学为增加人民群众接受高等教育的机会，加快我国高等教育大众化的步伐，提供改革开放所需的人力资源，推进社区教育和老年教育，构建我国终身教育体系做出了重大贡献。

2. 国家开放大学的办学特色是什么？

办学44年来，学校形成了五大办学特色：一是党对终身教育的领导全面加强。学校对总部、分部全面加强党的领导，实行书记校长联席会议制度，建立了党委决策机制，确保了党在学校终身教育、终身学习方面的领导权、主导权，全面从严治党的主体责任得到有效落实，党支部的战斗堡垒作用明显增强，党员的先锋模范作用得到突出体现。二是创建了大规模在线思政教育新模式。学校坚持立德树人，牢记培养担当民族复兴大任的时代新人的重大使命，积极探索"思政课程"与"课程思政"的有机融合，设计"1＋4＋X"思想政治理论课程体系，形成了面向在职成人的大规模在线思政教育新模式，注重为基层培养德才兼备的有用人才。三是"纵到底横到边"全覆盖各类学习者群体。学校坚持开放办学，"敬学广惠、有教无类"，着眼满足不同年龄、不同领域、不同职业群体再学习、再深造的愿望和需求，扎根中国大地，建成了一个跨院校、跨地区、跨行业、跨企业，"块条点"结合，立体覆盖全国城乡的办学体系，走出了一条联合社会力量办学，整合共享、优化配置社会优质教育资源，多快好省办教育的新路，彰显了中国特色社会主义"集中力量办大事"的制度优势。四是致力于成为"没有围墙的互联网"新型大学。学校坚持追踪和应用先进技术，将教育信息化作为立身之本和核心竞争力，从广播、电视到互联网，探索了技术与教育的深度融合，推动和引领了高等教育、继续教育、职业教育的信息化发展，促进了教育现代化。五是坚持学历教育与非学历教育并举。学校适应经济社会需要开设专业，优化教学内容和课程结构，构建基于网络的人才培养模式，开展以各种各类学习成果认证、积累、转换为核心的学分银行建设，大力推进社区教育、老年教育，加强新型职业农民和现代产业工人的教育培训，通过体系联动方式推进教育精准扶贫和乡村振兴，积累了低成本、高效益举办高等教育和面向在职人员开展职业教育的中国模式。

国家开放大学在"一带一路"沿线国家建立了第一批海外学习中心，积极参与全球教育治理，与联合国教科文组织、国际开放与远程教育理事会（International Council for Open and Distance Education，ICDE）、亚洲开放大学协会（Asian Association of Open Universities，AAOU）等国际组织，以及国外高水平大学（包括开放大学）保持密切交流与合作。学校促进人才培养国际化，通过海外学习中心探索招收开放教育本科和专科学生，支持优秀学生出国留学。学校还培育国际化师资队伍，鼓励并组织办学体系教师与科研人员参加跨国（境）教学、访学、科研等学术活动，努力提高国际化办学水平。2017年，因在促进教育公平，提升教育质量，改革创新办学模式和人才培养模式，以及推进信息技术和教育的深度融合，学习成果认证、积累和转换的"学分银行"建设等方面成绩卓越，国际开放与远程教育理事会（ICDE）将全球唯一的"杰出机构奖"授予国家开放大学。

3. 同学们可以选择哪些专业或课程进行学习？

国家开放大学依托体系办学基础和优势，充分利用覆盖全国城乡的办学网络，与高等学校、政府有关部门、行业协会、企业等合作，整合优质教育资源，推进学科专业建设，构建主动适应社会经济发展需要，学历教育与非学历教育互通、专业教育与证书教育互补，结构优化、协调发展的学校专业和证书体系。截至2022年秋季，专业覆盖理、工、农、医、文、法、经济、管理、教育、艺术10个学科门类及19个高职高专大类。专业层次涵盖高中起点本科（简称高起本）、专科起点本科（简称专升本）、高中起点专科（简称高起专）。国家开放大学具备学士学位授予权的本科专业可授予国家开放大学学士学位，其中部分专业也可以申请合作高校学士学位。同时，国家开放大学实行课程开放，单科注册制度。学生可以选择学历教育课程单科注册学习，通过考试，记录学分，在参加学历教育时，可通过申请免修、免考获得学分。

评价与反思

1. 同学们，完成了这个任务的学习，你们了解了国家开放大学是一所运用新技术、新手段的新型大学。让我们展望它美好的发展前景，开始学习之旅吧！

2. 同学们，在本门课程的学习当中，你们是否还想了解国家开放大学教师和同学的所思所想呢？请登录"国家开放大学学习指南"网络课程，进入学习活动一/任务一，去看看他们怎么说吧！

拓展知识

1. 学习过程中，哪些教师为我们提供学习支持服务

远程学习与传统的校园学习不同，开放大学有不同分工的教师为同学们提供学习支持服务。国家开放大学的教师负责专业设置、建设与管理，课程学习资源建设，教学过程设计，核心教学团队建设与运行，还承担网络视频导学等工作。各分部的责任教师负责补充课程资源，开展教学活动，指导实践教学，承担课程教学中的答疑等工作。但是为同学们提供教学服务的，远远不止这些教师，还有不同学科领域的专家学者，以及在学习中心面授的辅导教师、教学管理教师等，他们都会为同学们提供全方位的支持服务。目前，国家开放大学组建了不同课程的5 900多个网络教学团队，他们会为同学们提供学术和非学术的个性化支持服务。

2. 校友的学习体会都有哪些

国家开放大学的学生涵盖了社会上的很多群体，下面我们就来了解一下他们在国家开放大学的学习体会吧。

农民小王：参加国家开放大学的学习，让我圆了大学梦。我用学到的知识种地，实实在在地解决了不少生产中遇到的困难，还能通过技术讲座得到专家的指导。

农村行政管理干部小李：学习了国家开放大学"一村一名大学生计划"管理专业的课程，我从理论上丰富了知识，又在实践工作中提升了水平，很多面向农民的工作难题迎刃而解。

城市外来务工人员小孙：虽然每天工作很累，但学习国家开放大学的课程让我的精神世界更加充实、精彩。国家开放大学为我搭起了连接现实与梦想的桥梁。

护士小赵：护士的工作很辛苦，尤其是值班使我与他人的工作时间不同，国家开放大学灵活的学习方式让我有了提升自己的机会。我会认真学习，并将所学付诸实践，帮助每个需要帮助的病人。

酒店服务员小徐：我工作3年了，一直扎在具体事务中，现在通过对国家开放大学工商管理课程的学习，丰富了自己的理论知识，工作更加有的放矢。

保安小周：我作为一名保安，平时工作很累、很辛苦，学习的时间很有限，但是每次拿起书本，我都会觉得很充实，感觉距离自己的目标又近了一点儿。我会珍惜在国家开放大学学习的机会。

军队士官小吴：在信息时代，部队更需要高素质的人才。通过在国家开放大学的学习，我不仅提高了自己的知识水平，而且提升了自己的学习能力，在工作中能够以更广阔的视野来解决具体问题。

医学博士小王：我是主动报名学习国家开放大学课程

学习活动一：认识国家开放大学

的，主要是为了弥补知识的欠缺。虽然会牺牲一些业余时间，但是我很享受学习过程。我只有不断学习才会让内心沉淀下来，更好地服务患者，国家开放大学随时随地的网络学习环境也让学习更加便捷。因为有明确的学习目的，我并不会觉得很累。

肢体残障人士小马： 人活着，最重要的就是自强自立。通过在国家开放大学的课程学习，我得到了适合残疾人学习的课程资源，找到了一份更加适合自己的工作，收入增加了，家人的生活也有了很大改善。

幼儿园教师小郑： 我自从学习了国家开放大学"学前教育"专业的课程，对保育和教育幼儿更有自信了，遇到棘手的问题再也不会手忙脚乱，课程教给我许多行之有效的办法。

退休工人老陈： 我退休在家，上网学习了国家开放大学的课程，丰富了自己的知识，使自己的爱好变成了专长，我很喜欢这样的退休生活。

任务二　学习途径与方式

问题提出

1. 什么是开放教育？

2. 开放教育学习中有哪些不同种类的学习资源？

3. 学生可以通过哪些途径开展学习？

4. 针对纸质教材和数字化学习资源，应该采用什么样的学习方式？

问题解决

1. 什么是开放教育?

开放教育是以现代信息技术为支撑,面向所有有意愿、有能力接受教育的人提供教育机会,通过灵活的管理制度、科学的教学设计、优质的教育资源、便捷的学习支持服务、严格的质量保证体系、线上线下结合的方式开展的学历与非学历教育。它是随着现代信息技术的发展而产生的一种新型教育形式,是构筑终身学习体系的主要手段。

其特点可以概括为:首先,教学时间、空间的开放,学生和教师可能处于同一时空中,也可能处在时空分离的状态;其次,教学过程和教学管理的开放,教育机构通过教学规划、组织,提供学习资源和支持服务来指导和帮助学生学习;再次,教学资源的开放,灵活应用各类媒体,承载课程和学习资源;最后,具有教育平台和教育技术的有力支撑,通过联系师生,促进师生完成教学交互。

2. 开放教育学习中有哪些不同种类的学习资源?

(1)纸质教材: 纸质教材目前的呈现形式为开放教育融媒体教材。开放教育融媒体教材既有传统纸质教材的优势,又是集图、文、声、像、画于一体的新型教材形式。开放教育融媒体教材在拥有清晰、完整、科学的学科脉络与知识讲解的基础上融合了听、读、练等教学过程。其是传统纸质教材的延展,是课堂教学的线下化,更是建设其他课程资源必不可少的根基(如图1-1所示)。

图 1-1　纸质教材

（2）音视频学习资源：按照所讲授的教学内容和要求的不同，视频教材可分为系统讲授型和专题型两大类。系统讲授型视频教材是指按照课程教学内容的知识体系，较全面、系统地讲授知识和技能的视频教材。专题型视频教材是指通过对知识点或相对独立的教学内容，如课程学习方法和要求、重点或难点教学内容、案例、实验、学科拓展内容等进行专门的讲授、演示、分析或介绍，帮助学生深入理解所学的内容，掌握思路和方法，开阔学科应用与发展方面的眼界等的视频教材。专题型视频教材内容长短不拘，既可单独成片，也可插入系统讲授型视频教材中使用。音频教材主要有直录型和编辑型两大类。直录型音频教材在录音室或现场直接录音而成；编辑型音频教材由录音素材经配乐、合成等编辑而成。

（3）网络课程：是指通过网络表现的某门课程的教学内容及实施的教学活动的总和（如图1-2所示）。网络课程包括两个组成部分：按照一定的教学目标、教学策略组织的教学内容，网络教学支撑环境。其中，网络教学支撑环境特指支持网络教学的软件工具、教学资源以及在网络教学平台上实施的教学活动。

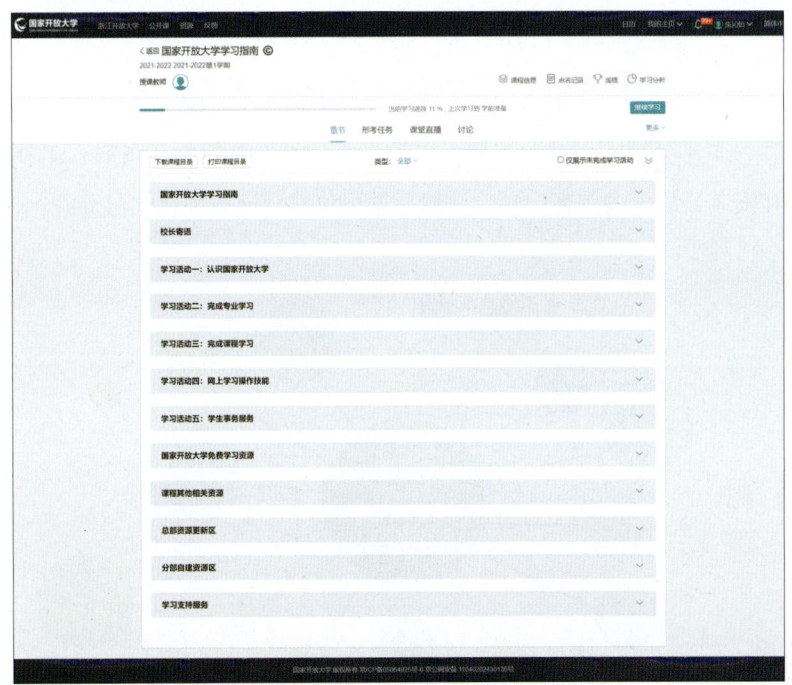

图1-2 网络课程样例

（4）全媒体数字教材：是指利用泛在计算以及媒体融合等技术理念，以课程核心知识点为基本单位，结构化地呈现课程基本教学内容、主要学习活动、练习和测评，尤其适合学生使用移动终端在各种环境（在线和离线环境）下都能进行学习和阅读的数字教材。全媒体是对媒体形态、媒体生产和媒体传播的一种整合性应用，也就是实现教学内容的多媒体化、发布载体的多元化，以及学习资源的复用和共享。

（5）学习资源包：是为适应灵活学习、移动学习而推出的全新学习资源形式。学习资源包内含丰富的助学、助考资源：核心资源包括纸质教材、期末复习指导、全媒体数字教材；拓展资源包括试题库、真题详解、直播课程、PPT等（如图1-3所示）。开放云书院提供学习资源包的技术支撑服务。

学生拿到学习资源包后，可按提示扫描该教材的二维码，下载和安装开放云书院客户端，注册后即可免费获取数字化学习资源。

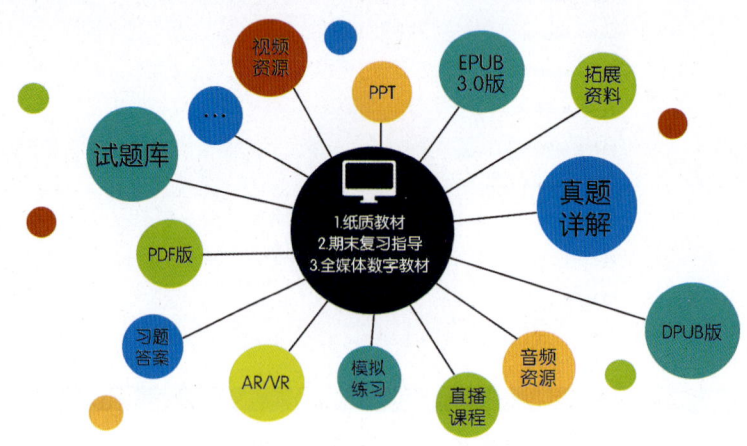

图1-3　学习资源包的构成

> 注：用户扫描二维码获取相应的数字化学习资源后，该教材的二维码即告失效。

开放云书院
用户使用手册

开放云书院
微信公众号

如何获取数字化
学习资源

（6）五分钟课程： 指运用"积木化、产品化"的理念，成系列、成规模开发的融图、文、声、像、画为一体的5～10分钟课程（http://5minutes.com.cn）。以碎片化、易使用、可选择为特色的五分钟课程，可以实现在任何时间、任何地点，为学习者提供最方便的学习资源。

3. 学生可以通过哪些途径开展学习？

学习过程中，学生主要通过网络课程进行自主学习，在网络课程之外，学校还会提供不间断的网上直播和面授课程，学生也可以通过即时通信工具进行交流。

（1）登录国家开放大学学习网及"i 国开"APP 学习。

①国家开放大学学习网。

国家开放大学学习网是学生进行网上学习的主要途径，在国家开放大学正式注册的学生使用自己的学习网账户和密码，登录学习网（http://one.ouchn.cn），完成课程的学习、测试练习及一些课程的考试等任务（如图 1-4 所示）。

学生在学习过程中，应经常浏览学习网，关注个人空间中所选修课程的学习建议与任务提醒，及时按照统一要求完成网络课程中的学习任务，认真收看导学教师的视频辅导，并积极在课程论坛当中发言讨论。

②"i 国开"APP。

学生可以随时随地在手机上访问"i 国开"APP，查询课程信息动态，进行资料阅读、视频播放，甚至完成考试。在这个 APP 上，学生还能够收看内容丰富的网络讲座、公开课等。"i 国开"APP 能够助力学生实现"不脱产、不离岗、轻松上大学"的梦想。

（2）参加直播课程学习。

国家开放大学总部、分部、学院、学习中心会针对每个专业和课程的具体情况，在每个学期不间断地提供直播课程，课程内容包含课程导学、重难点讲解、专题讲座、辅导答疑、考前辅导等，学生可以随时随地使用计算机或移动终端设备参与学习，最及时地获得知识。

学习活动一：认识国家开放大学 01

图 1-4　国家开放大学学习网首页

（3）参加线下面授课学习。

学生所在学习中心根据课程特点和学生实际，将在每学期组织一定学时的线下面授课辅导，学生应高度重视并积极参与。与普通高校的校园生活相比，在线教育的师生、生生互动是通过"云端"来实现的，因此，数量有限的面授课无疑是导学教师知识讲授、与学生之间沟通交流的宝贵机会。

（4）运用即时通信工具学习。

学习中心的导学教师会以班级或课程为单位，建立QQ群和微信群邀请学生加入，以便及时发布学习信息、沟通交流。即时通信工具的运用，不仅可以使学生保持与教师、同学之间事务性的联络，而且有利于学生针对学习内容与教师和同学及时交流和讨论。

4. 针对纸质教材和数字化学习资源，应该采用什么样的学习方式？

纸质教材是学生在学习过程中使用的最基本的资源，很多学生在多年的学习中，最熟悉和适应这样的学习资源。在学习过程中，纸质教材是学生最基本和最传统的知识载体。学生可以通过随时随地翻阅纸质教材来不断学习和深化知识。

数字化学习资源是基于网络和终端的新型知识传播形式，即将传统纸质教材上的内容，通过文字、视频、网络课程、论坛、实时交互等多种形式提供给学生的资源集成。学生可以通过阅读文字资料、观看视频、学习网络课程、登录论坛和进行实时交互讨论等多种方式，进行碎片化、颗粒化的学习。

评价与反思

同学们，学习了这些内容，你们都能够体会到远程教育的学习途径与方式是基于网络和信息技术的，需要你们有更高的学习积极性和自我管理能力。现在，请按照你们的学习习惯和特点制订一份学习计划吧，制订好计划后，还可以与班级内或学习小组内的其他同学交流。下面是新生小闫的学习计划。

新生小闫的学习计划

专业：会计学（专升本）

姓名：小闫

学号：202206057854

日期：2022 年 9 月 20 日

一、学习目标

3 年内完成会计学（专升本）的全部课程。

二、学习时间

1. 平均每天 1 小时，保证每周学习时间 5～7 小时。

2. 期末复习 2 周，平均每天复习 1 小时，保证每周学习 7 小时。

3. 在学习时间分配上，用 60% 的时间学习各种形式的学习资源，用 40% 的时间与教师和同学交流。

三、学习内容

完成本专业设立的必修课、选修课和综合实践课程。

四、学习形式

以自学为主。遇到疑难问题，及时与教师沟通或上网查找相关资料。

五、学习安排

1. 每天保证计划的学习时间。

2. 制订周学习计划时间表，每天严格执行。

3. 利用周六、周日到东城学习中心听课学习。

4. 按时完成教师布置的作业。

六、学习原则

1. 循序渐进、持之以恒。按照课程要求，由浅入深、系统地进行学习。

2. 统筹兼顾、科学安排。处理好学习和工作的关系，努力做到学习常态化。

3. 融会贯通、学以致用。通过学习，不断丰富自己的专业技能，提高业务水平，真正做到思想上有明显提高、作风上有明显改变、工作上有明显推进。

4. 学习与实践相结合。通过学习来提高实践能力，通过实践来验证学习效果。

拓展知识

在国家开放大学的教学模式中，为同学们提供学习支持的教师分布在总部、分部、学院、学习中心不同层级，让我们去网络课程平台听听老师和同学们的学习建议吧！

国家开放大学总部王老师：远程学习是一种基于现代信息技术的、有别于传统课堂的新型学习方式。同学们除了需要掌握日常的网络知识和计算机技术，还需要了解国家开放大学学习网的功能。这并不高深，也不烦琐。同学们第一次接触平台，可能会有点儿生疏，但用过几次后，相信大家都会觉得国家开放大学学习网与我们日常访问的网站相似，既方便又易懂，很适合学习。

学习中心班主任李老师：作为学习中心的导学教师，我主要负责组织和协调同学们在学习、考试、实践等环节的工作，并管理学籍、成绩等事宜。同学们在这些方面如果遇到困难，欢迎来找我沟通。

学习中心的面授课辅导教师张老师：我是一名辅导教师。远程教育的一大特征就是师生分离，主讲教师与学生很少有机会面对面交流。在同学们完成基于纸质、网络等多种媒体学习资源的学习任务之后，由我来进行面对面的答疑解惑，会在一定程度上解决同学们在见不到主讲教师的情况下产生的困惑，缓解同学们的焦虑，也有利于营造班级氛围。

学生小马：我在国家开放大学学习计算机专业有一段时间了。我认为纸质、网络、视频等多种媒体学习资源的学习不仅可以让我们学习到专业知识，而且让我们在生活、工作中能够以不同的方式灵活地学习。因此，我建议学弟、学妹们积极学习和熟悉各种学习资源。网络学习形式可以使一些课程的实践环节，特别是实验的体验，通过教师精心设计的虚拟实验来完成，这既能弥补我们不能身临其境地在实验室中做实验的不足，也能让我们逼真、有趣地进行操作，从而提高学习兴趣和效率。

学生小刘：虽然开放教育有多种学习途径和方式，但是我更喜欢"阅读教材—听讲—面授讨论"的方式。平时，我自学教材，积极收看视频课。

学生小宋：我是一个"网络迷"，有事儿没事儿都泡在网络上，所以对于这种在线的学习方式，我乐在其中。特别是"i 国开"APP，让我可以随时随地地阅读学习资料、参加考试、与老师和同学讨论，真的很方便。

学习活动二：进行专业学习

欢迎同学们选择国家开放大学开始你的学习之旅。国家开放大学有哪些专业？专业学习能给你带来哪些知识、提升哪些技能？专业学习需要学习哪些课程？修学多少学分？哪些教师能帮助你完成专业学习？下面，就让我们来了解一下吧。

任务一　走进专业

你好，小李！我也不是很清楚，我们一起去咨询老师了解一下吧。

你好，小闫！你知道完成专业学习需要修满多少学分吗？

问题提出

1. 国家开放大学开设哪些专业？
2. 学习一个专业需要修学多少学分、多少学时？
3. 国家开放大学开设的专业的主要特点是什么？
4. 如何在专业之外进行单科课程注册学习？

问题解决

1. 国家开放大学开设哪些专业？

国家开放大学开设的专业紧密围绕国家发展战略和社会经济发展需求，紧贴市场、紧贴产业、紧贴职业。在专业人才培养中，学校坚持落实立德树人根本任务，全面提升人才培养质量，推进课程思政与思政课程同向而行，寓社会主义核心价值观于知识传授和能力培养中，培养学生塑造正确的世界观、人生观和价值观，使他们成为德智体美劳全面发展的社会主义建设者和接班人。

国家开放大学 2023 年春季招生专业见附表，开设并招生的专业合计 181 个。

学生可以根据个人的学习志趣，咨询国家开放大学分部、学院或学习中心，根据当地开设的特色专业，选择注册自己想学习的专业。

2. 学习一个专业需要修学多少学分、多少学时？

目前，国家开放大学高起本专业最低修业年限 5 年，最低毕业总学分140，最低毕业总学时2 520。专升本专业最低修业年限2.5年，最低毕业总学分73，最低毕业总学时1 314。专科专业最低修业年限2.5年，最低毕业总学分79，最低毕业总学时1 422。

学生学籍自注册入学8年内有效，在学籍有效期内取得专业人才培养方案规定的毕业要求所学课程及所需学分，思想品德鉴定符合要求，准予毕业并颁发国家开放大学毕业证书。学习高起本专业和专升本专业的学生，符合规定条件的，可授予学士学位。

3. 国家开放大学开设的专业的主要特点是什么？

（1）专业层次间有序衔接。

国家开放大学开设了专科、专升本及高起本3个层次的专业。为便于学生学历的提升，国家开放大学本专科层次的专业人才培养方案实施一体化设计，在专业培养目标、培养规格、课程体系、课程内容、实践环节等层面充分考虑了本专科专业之间的有效衔接，学生通过专业知识、实践技能等层面有序、进阶的学习，可以加深对专业的理解，掌握专业知识与技能，为从事相关专业工作打下坚实基础。

（2）学历教育与非学历教育融通。

学生可通过国家开放大学学分银行实现学习成果的存储、积累与转换。例如，经国家相关政府部门、行业协会认定的资格证书、考核等级证书和职业技能等级证书，国家开放大学专业人才培养方案明确了免修、免考转换规则的学习成果，纳入国家学分银行成果目录清单的学习成果等可转换成学历课程学分（转换的最高学分限制及转换流程需遵循国家开放大学的免修、免考相关管理规定）。同时，国家开放大学部分专业与相关部委、行业机构合作，实现了学历课程替换行业证书。

（3）高起本专业设置了多出口模式。

为满足不同学生在不同时期的需求，国家开放大学高起本专业设置了具有高度灵活性的多出口模式。每个高起本专业都内置了一套该专业对应的专科层次的毕业规则。修读高起本专业的学生，如果因特殊情况无法完成全部学业，那么只要完成该专业内置的专科层次毕业规则所要求修读的课程，获得学分，即可申请该专业对应的专科层次毕业证书。这种模式为学生多样化的需求提供了便利，学生在报读高起本专业时，不用担心出于客观原因无法完成学业而一无所获。这也是国家开放大学高起本专业的独特优势。

4. 如何在专业之外进行单科课程注册学习？

单科课程注册学习是国家开放大学为适应社会各类人员多样化学习需求，搭建学历教育与非学历教育融通路径，服务构建全民终身学习教育体系的一种探索。

具有学习意愿、具备自主学习能力，且满16周岁的学生均可报名参加学习。学生选择单科课程注册学习，不进行学历教育入学资格审核，不在中国高等教育学生信息网（学信网）注册学籍。学生以课程为单元进行学习，通过课程考试后获得学分，取得学校颁发的单科课程结业证书。学生取得的单科课程学习成果可存入国家开放大学学分银行，在符合学校相关规定的情况下，

可与学历教育进行学习成果的认定与转换。

评价与反思

同学们,请结合国家开放大学的专业特点以及所学专业的人才培养方案,为自己制订一份专业学习计划吧。

任务二 专业学习过程

老师,专业学习需要多长时间?需要经历哪些过程和环节?

小李,这个学习任务的内容可以解答你的问题。

问题提出

1. 专业学习需要经历哪些过程和环节？
2. 专业综合实践的任务要求是什么？
3. 哪些教师在帮助学生完成专业学习？如何与教师互动？
4. 如何实现非学历学习成果与学历课程的学分转换？

问题解决

1. 专业学习需要经历哪些过程和环节？

国家开放大学的学生通过学习网络课程、接受线上线下的实时辅导、自主阅读教材及进行专业实践活动等来完成整个专业的学习。专业学习大体要经历"入学—网络与面授混合式课程学习—课程形成性评价—课程实践—课程终结性评价—专业综合实践（含毕业论文）—毕业证书发放—学位申请及授予"环节。

2. 专业综合实践的任务要求是什么？

专业综合实践包括社会实践和毕业论文（设计、作业）等。根据不同专业的要求，毕业论文（设计、作业）可以是学术论文、调研报告或专业案例分析等形式。

不同的专业、不同的层次对专业综合实践的要求也不同，学生可以向国家开放大学分部或学习中心的责任教师、导学教师进行咨询，或者点击学习网的专业综合实践中的综合实践栏目，了解所学专业的实践及毕业设计等要求。

例如，测绘与地质工程技术专科专业，其实践教学主要通过野外实地考察、仪器运用，以及技术方法操练、真实素材分析等，实现学生对所学专业知识的巩固和深化理解，培养专业技能，并且通过理论与实践的有效结合，提高理论认知水平和动手实践能力。

又如，会计学专升本专业以培养具有较高素质的应用型人才为目标，重视会计实践性环节的教学。学校在会计学专科专业中设置了"会计核算模拟实验"和"会计管理模拟实验"综合实践课程，以提高会计学专业学生的实践操作技能。

再如，公共事业管理（学校管理方向）专升本专业提倡学生通过学校教育、家庭教育、社区教育等开展行动研究、个案研究和调查等，完成公共事业管理（学校管理方向）专业实践。

3. 哪些教师在帮助学生完成专业学习？如何与教师互动？

如果学生想了解有哪些教师在为学生学习某专业提供学习支持服务，可以登录国家开放大学相关学部页面，了解国家开放大学总部专业教师的学习背景、研究方向及研究成果、主持的课程等（如图 2-1 所示）。如果学生想了解国家开放大学分部、学院或学习中心该专业教师队伍情况，也可以直接点击和查看相关网页的师资队伍介绍。

如果学生想和某位教师互动，可以给该教师发邮件、登录该教师主持的课程论坛、参加该教师主持的实时视频教学活动等。

学生可以登录国家开放大学学习网，通过学生空间进入课程端，通过各种形式（电话、邮件、论坛）与教师互动。此外，学

图 2-1 国家开放大学经济管理教学部部分教师

生在学习之余最好尽快加入学习中心自己所在班级的 QQ 群或微信群，做简单的自我介绍，让教师和同学们尽快地了解你。

4. 如何实现非学历学习成果与学历课程的学分转换？

国家开放大学学分银行为国家开放大学学生提供了终身学习账户管理服务。学生登录国家开放大学学分银行信息平台（http://cb.ouchn.edu.cn）可注册个人学习账户。该账户主要用于记录个人获得的各级各类学习成果（包括但不限于学历证书、国家职业资格证书、职业技能等级证书、培训证书、大赛奖励等）。

符合要求的学生,通过登录个人学习账户可办理个人学习成果的认定、积累与转换业务。学生毕业后,学分银行仍将持续为有需求的人员提供学习成果管理服务,为个人升学、就业提供有公信力的学习成果认定证明。

国家开放大学学分银行信息平台

例如,专科"工业分析技术"专业:

①通过"无机化工产品品质检验""有机化工产品品质检验""精细化工产品品质检验""农用化工产品品质检验""化学实验室安全与环保"5门课程和"职业技能实训"考核,考核成绩达60分(含)以上者,即可取得化学品分析检验能力证书(5级)。

②通过"无机化工产品品质检验""有机化工产品品质检验""精细化工产品品质检验""农用化工产品品质检验""实验室质量管理""检验仪器设备维护保养""化工产品研发过程中的分析""化学实验室安全与环保"8门课程及"职业基本技能实训(1/2)"考核,考核成绩达60分(含)以上者,即可取得化学品分析检验能力证书(6级)。

③学生取得相应等级的化学品分析检验能力证书,可以申请对应课程的免修、免考。

评价与反思

1. 同学们，请你们通过向国家开放大学分部责任教师或者学习中心导学教师咨询，或查询国家开放大学相关网站，获得所学专业综合实践内容及要求的相关信息。

2. 同学们，请结合本专业综合实践的内容及要求，与教师和同学组织一次讨论，研讨学生应该如何为完成专业学习做好知识和技能方面的准备。讨论时，同学们要做好记录，讨论后整理自己参与讨论的心得体会。

拓展知识

课程实践和专业综合实践的区别

课程实践：学生在学习某门课程的过程中，为了促进其对知识的应用，鼓励其结合所学知识完成相应的实践任务，如将所学知识应用于实践场景中的观察、现场操作、调查或设计等任务。学生完成课程实践任务后要进一步反思所学和所做，促进对课程知识的应用和巩固。课程实践根据课程考核说明的要求，可作为课程考核的一部分。

专业综合实践：学生在获得本专业总学分60%以上后，根据专业综合实践的任务要求，综合运用各专业课程所学的知识，完成相应的实践任务，如社会调查、专业实习、毕业设计等。完成相应的实践任务，成绩合格后，学生可获得专业综合实践的学分。

学习活动二：进行专业学习　02

任务三　毕业、学位授予及转学

🔍 问题提出

1. 各专业申请毕业的资格条件是什么？毕业的资格要求是什么？
2. 各专业申请学位的资格条件是什么？
3. 学位论文成绩达到 80 分（良好）的标准是什么？如何进行查重？
4. 转学、转专业的相关政策要求是什么？

📖 问题解决

1. 各专业申请毕业的资格条件是什么？毕业的资格要求是什么？

国家开放大学学生达到毕业要求，可申请办理毕业手续。

毕业的资格要求：

①学信网有学历照片并且未被学信网屏蔽学籍信息。

②学籍有效期内取得人才培养方案规定的最低毕业总学分。

③修读高起专或专升本的专业，最短学习年限是 2.5 年；修读高起本的专业，最短学习年限是 5 年。

④思想品德经鉴定符合要求。

⑤非在籍状态或处分期间的学生不能毕业。

⑥缴清相关学费。

⑦由本人向学籍所在学习中心提出毕业申请，并填写《国家开放大学学生毕业申请表》。

2. 各专业申请学位的资格条件是什么？

国家开放大学学生毕业时，在符合一定条件的基础上，可申请国家开放大学学士学位。

（1）申请条件。

①拥护中国共产党的领导，拥护社会主义制度，热爱祖国，遵纪守法，品行端正。

②较好地掌握本学科的基础理论、专业知识和基本技能，并具有承担专门技术工作和从事科学研究的初步能力。

③达到教学计划规定的毕业要求，经审核符合以下学术水平要求者，可申请学士学位：

a. 统设必修课（不含"国家开放大学学习指南"）平均成绩 75 分及以上。

b. 学位论文成绩 80 分（良好）及以上。

c. 非英语类专业学生申请国家开放大学学士学位时，须通过以下任意一种外语考试：

第一，国家开放大学非英语类专业学士学位英语考试；

第二，国家开放大学组织的北京地区成人本科学士学位英语考试；

第三，国家开放大学组织的合作高校相应专业学士学位英语考试（适用于对应专业）；

第四，全国大学英语四级考试（425分及以上）；

第五，全国英语等级考试三级（PETS-3）及以上笔试（不含口试）。

d. 英语、商务英语专业学生申请国家开放大学学士学位时，须通过以下任意一种外语考试：

第一，国家开放大学英语类专业学士学位英语考试；

第二，由对外经济贸易大学命题、国家开放大学组织的学士学位英语考试；

第三，全国高校英语专业四级考试（TEM-4）及以上；

第四，全国大学英语六级考试（425分及以上）；

第五，全国英语等级考试四级（PETS-4）及以上笔试（不含口试）。

④有下列情况之一者，不得授予学士学位：

第一，在读期间受到学校留校察看及以上纪律处分或触犯法律受到处罚者；

第二，在读期间存在考试作弊和抄袭他人成果等严重违反学术诚信等行为者。

（2）重新申请。

学生在学位申请过程中，如因不符合学位申请条件未通过学习中心审核，可以办理延期毕业，补考相关课程、重新参加学位外语考试或重新参加论文答辩，符合要求后再次申请学位。但如果是学位评定委员会决定不授予学位的学生，不能再次申请学位。

（3）毕业后 2 年内可以申请。

学生毕业时已满足学位申请条件但未提出学位申请，可在毕业之日起 2 年内申请学士学位；毕业时除学位外语外已满足其他学位申请条件的学生，可于毕业后参加学位外语考试，取得合格成绩后在毕业之日起 2 年内申请学士学位。

3. 学位论文成绩达到 80 分（良好）的标准是什么？如何进行查重？

（1）学位论文成绩达到 80 分（良好）的标准：

①符合论文写作要求，选题适当，有一定的实用性、科学性、专业性和可行性。

②分析研究方法正确，能综合运用专业基础理论、基础知识分析和解决问题。

③论文的观点正确，材料充分，数据可靠，论证比较有力，逻辑性比较强，结构完整，语句通顺，条理清楚，格式规范，纸质材料齐全，查重率较低。

（2）学位论文查重的方法：

国家开放大学为各分部、学院建立了"中国知网"大学生论文检测系统子账号，由各分部、学院在规定时间内为学生的论文进行查重初检，由总部进行查重复检，初检、复检查重率均不能超过30%。学生也可自行在"中国知网"使用真实姓名进行查重，其查重率仅作为学生写作的参考，不能作为最终查重结果提交。另外，计算机科学与技术、机械设计制造及其自动化、土木工程、水利水电工程等专业的学位论文如为设计类的选题，其查重率仅作为论文审查时的参考，不作为硬性条件。

4. 转学、转专业的相关政策要求是什么？

如果学生因为工作岗位变动、家庭搬迁或不适应本专业的学习等，需要转换学习地点或专业，且符合转学、转专业条件，可以办理转学或转专业手续。

（1）办理转学时需要注意：

①学生拟申请转入的学习中心开设相同专业且教学进程相近，方可申请转学。

②学生须入学注册满一学期，学籍是在籍状态且足额缴纳已发生相关费用，方可申请转学。

③学生在开学后3周内（含第3周）向学籍所在学习中心提出申请，并填写相关材料，经审核批准后，即可转学。

④学生转学后学籍有效期仍从入学注册起计算。

⑤学生转学前已获得的符合所修专业人才培养方案和学分替换要求的课程考试成绩和学分仍然有效，并按实际成绩和学分记录。

（2）办理转专业时需要注意：

①原则上在同一学生类别、同等学力层次和规格之间转换。

②不符合转入专业招生要求、人才培养方案相关要求的不得转入。如符合专业有特殊招生要求，须出具相关证明。

③学生拟转入的专业若存在学位授予高校变更，其入学时间必须符合学位授予高校规定的学生范围。

④学习中心开设相应专业且教学进程相近。

⑤学生本人在开学后 3 周内（含第 3 周）向学籍所在学习中心提出申请，并填写相关材料，经审核批准后，即可转专业。

⑥学生已获得的符合转入专业人才培养方案和学分替换要求的课程考试成绩和学分仍然有效，并按实际成绩和学分记录。

⑦学生转专业后学籍有效期仍从入学注册起计算。

⑧学生入学后第一学期不能转专业。

对于转学同时需要转专业的，需要同时满足转学和转专业的要求，既要求转入的学习中心有相应的专业且教学进程相近，符合转入专业对入学资格等方面的特别要求，也要求在同等学力层次之间转换。

评价与反思

同学们，学习了这个任务后，你们可以查询你们所选择的专业申请学位的资格条件是什么。你们也可以与一位申请过学位的学长建立联系，向其请教在学习和申请学位过程中需要注意哪些事项。请把查到的资格条件和与学长的交流心得整理出来，将之发布到论坛与同学们交流讨论。

拓展知识

国家开放大学实行完全学分制，学籍有效期为8年。学生在学籍有效期内可以通过课程注册合理地安排学习。

国家开放大学的学生可以自愿退学。由学生本人向学籍所在学习中心提出申请，分部（学院）审核批准后，即可退学。

学生自愿退学后，学籍即告终止，不得申请恢复学籍，可重新报读国家开放大学学习。学生被录取后，已获得的学分，可按国家开放大学免修、免考的有关规定申请课程学分替换。

学习活动三：完成课程学习

课程学习是同学们学习的重要环节。接下来让我们一起了解如何在国家开放大学学习网和"i 国开"APP 上学习课程吧。

任务一　进入课程学习

老师好，听说我们的学习网个人空间界面很精彩！

你好，小闫。你说对了，让我带你们进入学习网个人空间界面吧。

学习活动三：完成课程学习 03

🔍 问题提出

1. 如何登录学习网？
2. 如何在教学平台上学习课程？
3. 如何利用国家开放大学"i 国开"APP 学习课程？
4. 网上学习常见问题有哪些？
5. 在课程学习中，网络教学团队能提供哪些帮助？

📖 问题解决

1. 如何登录学习网？

学生打开网页浏览器，在浏览器地址栏中输入国家开放大学学习网网址（http://one.ouchn.cn），打开首页，如图 3-1 所示。

学生点击登录，跳转到登录页面，如图 3-2 所示。

学生输入账号、密码和验证码进入个人空间，如图 3-3 所示。

个人空间页面上方有"系统直通车"栏目，学生点击"学习网"（如图 3-4 所示）后，进入教学平台，如图 3-5 所示。

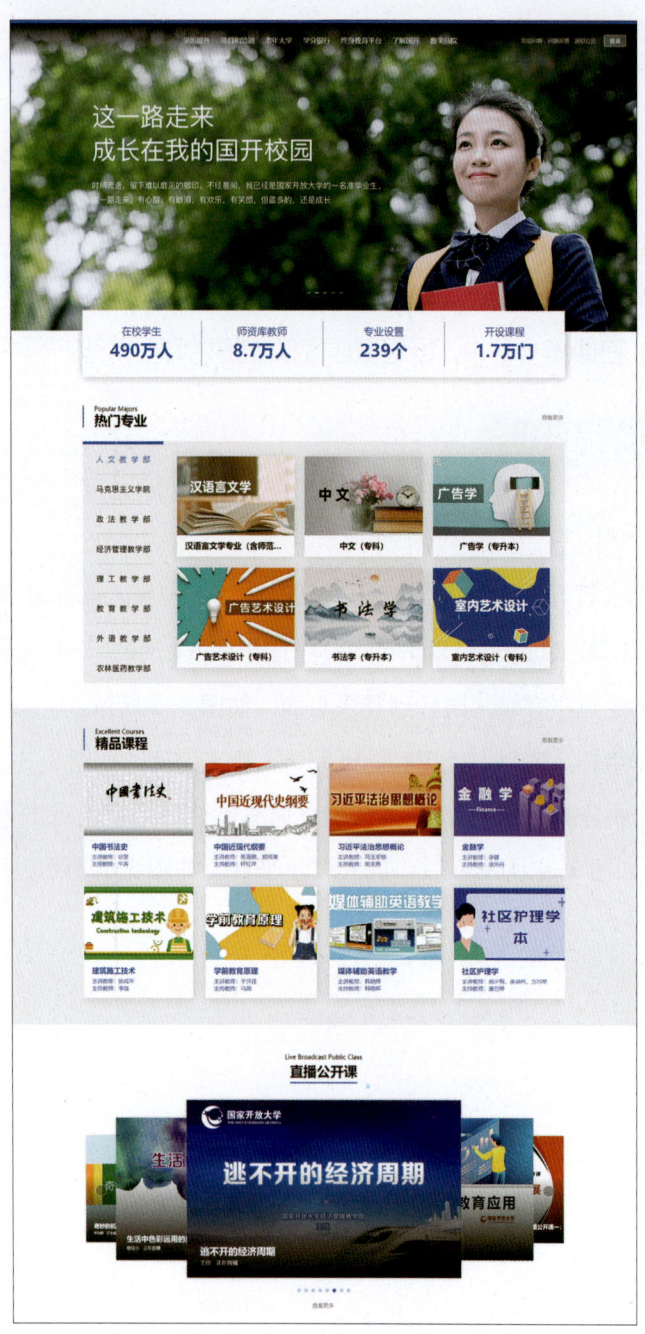

图 3-1 学习网首页

图 3-2 登录页面

图 3-3 个人空间

图 3-4 "系统直通车"栏目中的"学习网"

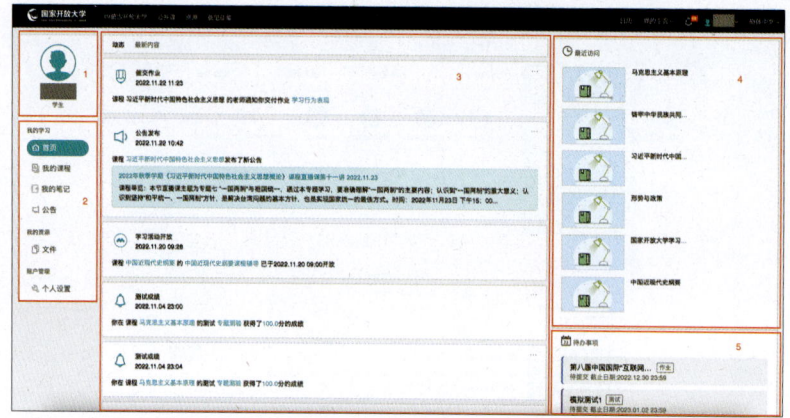

图 3-5 教学平台首页

学生进入教学平台后的页面可以分为 5 个区域。

区域 1：此处展示的是学生个人信息。

区域 2：此处展示的是个人导航栏，学生可以在此处点击跳转到"我的课程"和"我的资源"。

区域 3：此处展示的是本节课的最新动态。例如，某个学生在某节课内发表了新帖子等。

区域 4：此处展示的是个人最近访问的课程，学生可以在此处直接快捷跳转进入课程。

区域 5：此处展示的是待办事项，如作业未提交等。

2. 如何在教学平台上学习课程？

在教学平台页面左侧个人导航栏"我的学习"栏目下，学生点击"我的课程"（图 3-6 标记 1 区域），页面右侧会展示本学期在学课程（也可在图 3-6 标记 2 区域筛选其他学期的课程）。学生点击课程名称可进入课程页面。

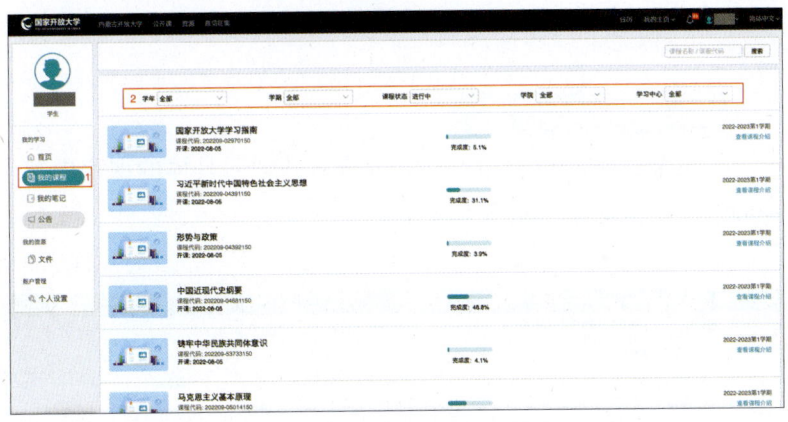

图 3-6　教学平台课程列表页

各门课程结构基本一致，均由课程学习区域和辅助学习功能区域两部分组成。下面以"国家开放大学学习指南"课程为例介绍如何学习课程内容。

"国家开放大学学习指南"课程页面，如图 3-7 所示。标记 1 区域是课程学习区域，分别呈现章节、形考任务、课堂直播、讨论等。标记 2 区域是辅助学习功能区域，包括本课程的课程信息、点名记录、成绩、学习分析。

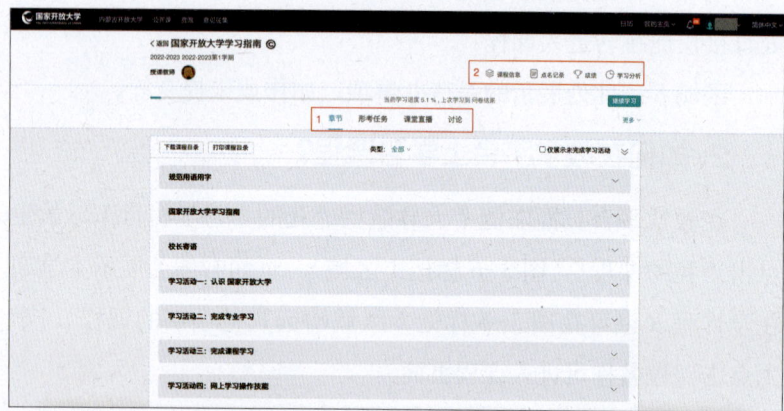

图3-7 "国家开放大学学习指南"课程页面

（1）课程学习区域。

①章节：学生点击后，在此处查看并学习具体的课程内容，如网页、音视频等，如图3-8所示。

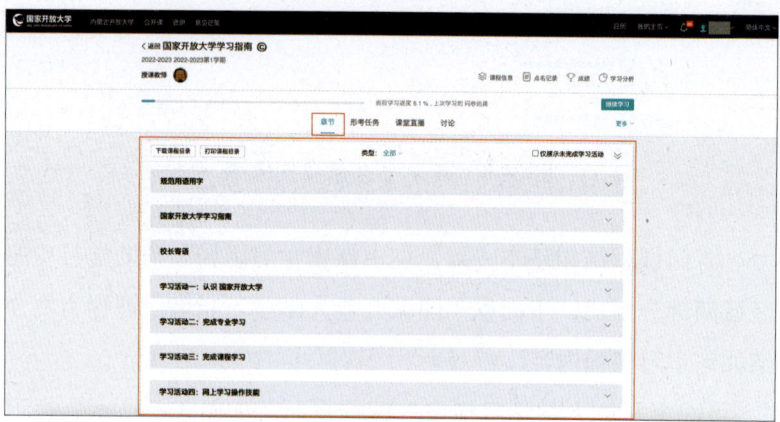

图3-8 "章节"信息页面

学习活动三：完成课程学习 03

学生点击具体课程内容标题（如图3-8中"学习活动一：认识国家开放大学"中的"任务一：走进国家开放大学"的"走进国家开放大学"视频）进入课程学习内容详情页，图3-9中标记1区域是导航栏，标记2区域是课程内容展示区域。

图3-9　课程学习内容详情页

②形考任务：学生点击后，在此处完成本节课涉及学生成绩的"形考任务"，如图3-10所示。

③课堂直播：学生在此处查看并进入相关的直播活动，既可以根据"未开始""进行中""已结束"等状态来进行查看，也可以点击某一个直播列表进入或者查看直播内容，如图3-11所示。

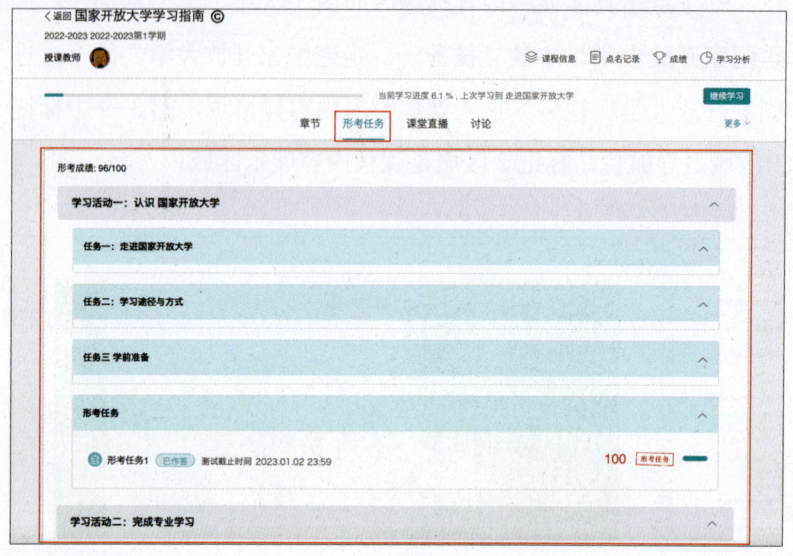

图 3-10 "形考任务"页面

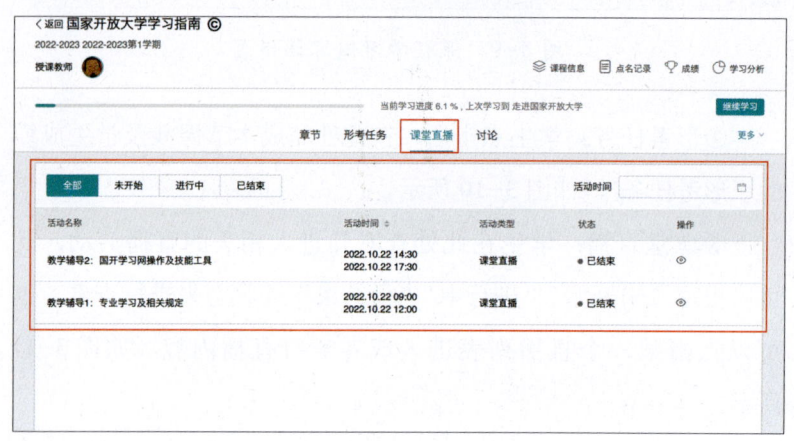

图 3-11 "课堂直播"页面

④讨论：学生在此处查看本课程内的"讨论"，在此通过点击讨论列表进入讨论区，在讨论区发帖或回帖来完成"讨论"学习任务，如图 3-12 所示。

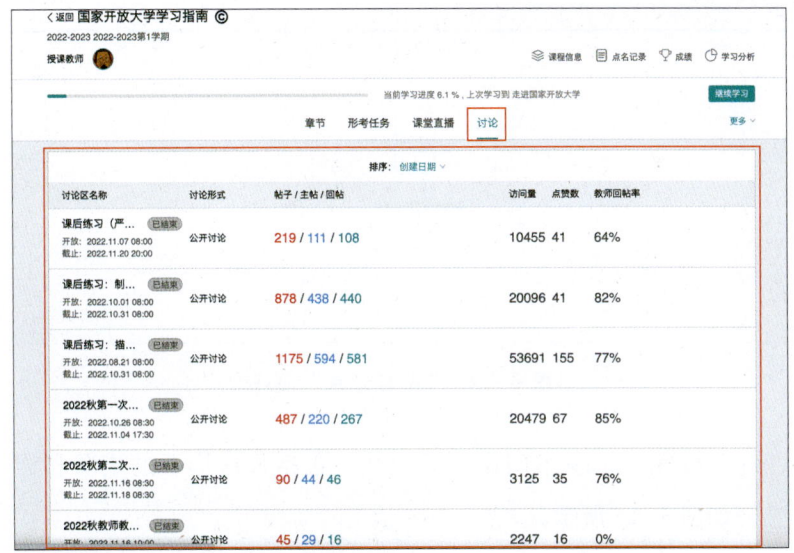

图 3-12 "讨论"页面

（2）辅助学习功能区域。

①课程信息：介绍课程基本信息，即从教学目标、评分方式、教学方法等方面介绍课程信息，如图 3-13 所示。

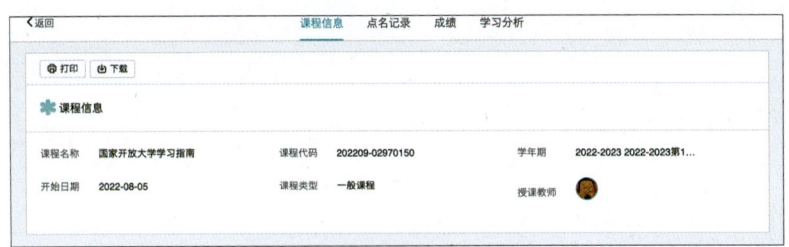

图 3-13 "课程信息"页面

②点名记录：记录每次面授课的点名情况，如图 3-14 所示。

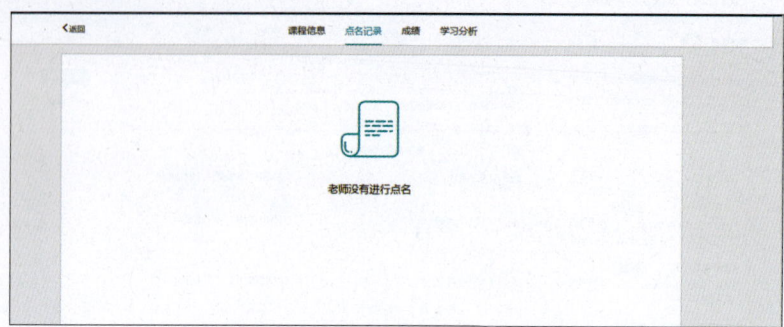

图 3-14 "点名记录"页面

③成绩：记录本门课程总成绩，包括每次形考的成绩和详情，如图 3-15 所示。

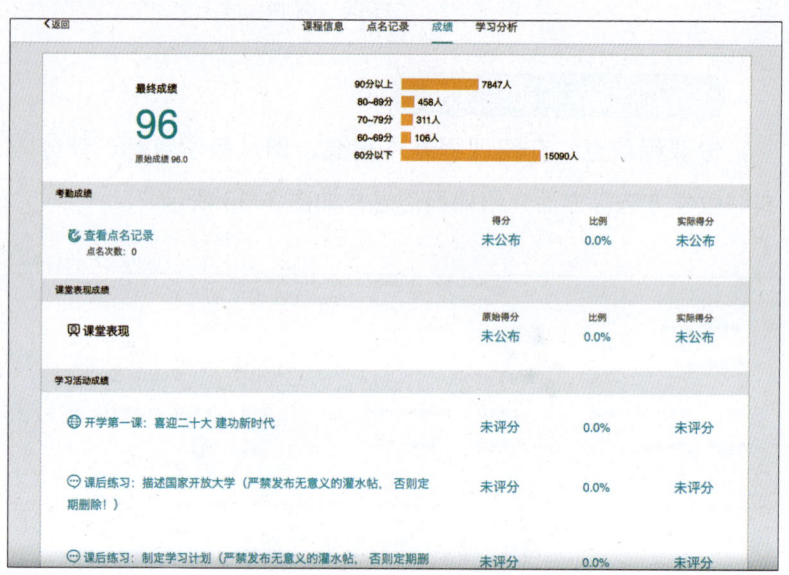

图 3-15 "成绩"页面

④学习分析：记录本门课程整体的学习情况，让学生了解学习详情，如图 3-16 所示。

学习活动三：完成课程学习　03

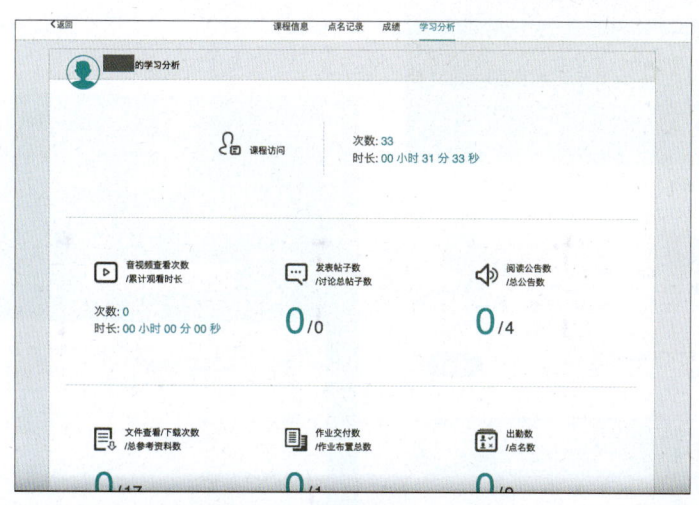

图 3-16 "学习分析"页面

3. 如何利用国家开放大学"i 国开"APP 学习课程？

（1）下载安装并登录。

学生既可以直接从手机应用市场搜索"i 国开"APP 进行下载安装，也可以通过扫码跳转到应用市场后进行下载安装。下载安装后，学生打开"i 国开"APP，可以从 APP 底部看到 5 个横向标签导航，即"首页""服务""学习""发现""我的"，如图 3-17 所示。

学生点击"立即登录"进入登录页面，如图 3-18 所示，通过输入账号和密码登录到 APP 中。

"i 国开"APP

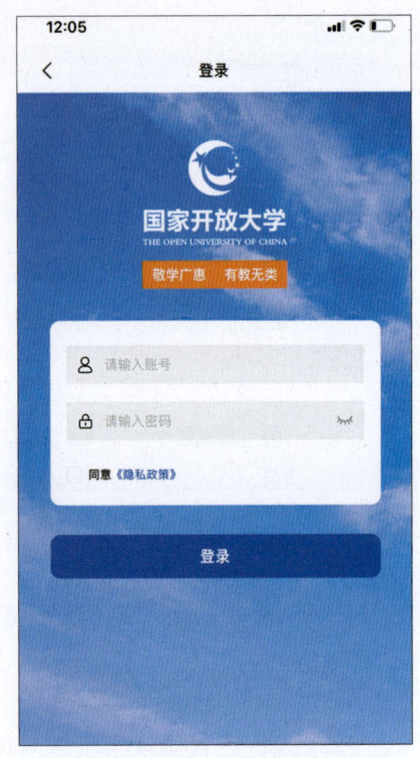

图 3-17 "i 国开" APP 首页　　图 3-18 "i 国开" APP 登录页面

（2）首页。

首页上方为"轮播图"，学生可以通过"焦点图"获得课程推荐或活动信息。"焦点图"上方的功能栏中包含天气、学期等提示，搜索栏可以快速锁定想要搜索的内容，消息提示中是移动校园平台发送的消息提醒。"焦点图"下方为待办栏，学生可以看到"我的申请"。

"我的课程"中的内容为学生的在学课程，如图 3-19 所示，学生进入首页可以直观地看到在学课程，这个功能为学生提供了方便快捷的学习途径。

图 3-19 "我的课程"页面

"推荐应用"为 APP 推荐的一些应用,如图 3-20 所示,学生可以直接点击进入这个应用,免去查找应用的时间,十分便捷。

图 3-20 "推荐应用"页面

"证书下载"为学生证书下载渠道,如图 3-21 所示,学生可以从"证书下载"中自主下载证书。

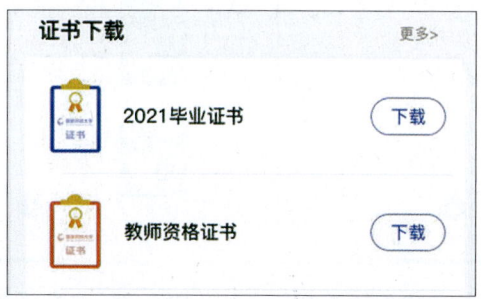

图 3-21 "证书下载"页面

(3)服务。

"服务"页面包含"教学服务"。学生点击相关的应用就可以查看该应用的相关信息和功能,如图3-22所示。

(4)学习。

"学习"页面包含"在学课程"和"已学课程",为学生提供便捷的移动学习支持。其中,"在学课程"包括学历课程和非学历课程,两种课程都可以在"学习"页面直观地看到,如图3-23所示。

图3-22 "教学服务"页面

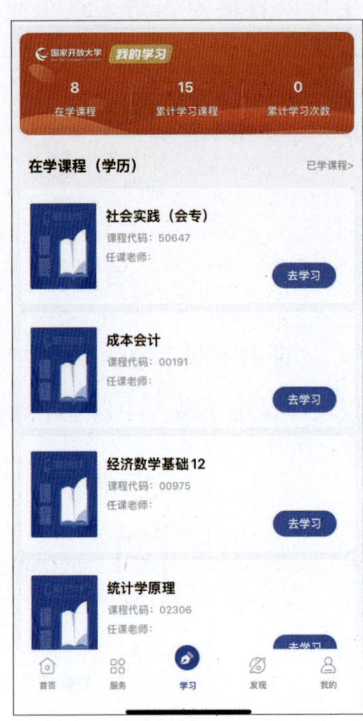

图3-23 "在学课程(学历)"页面

学习活动三：完成课程学习 03

学生点击待学习课程右侧的"去学习"，就可以进入所选定的课程中学习课程教学内容。

(5) 发现。

"发现"页面包含"最近直播"。此页面为学生呈现最近看过的直播课程，如图3-24所示，学生可以从这里快速地找到自己正在学习的直播课程。

图3-24 "最近直播"页面

4. 网上学习常见问题有哪些？

(1) 课件打不开怎么办？

课件无法打开可能是多种原因造成的，以下提示也许可以帮助学生顺利地打开课件：

①请使用最新版本的浏览器，为了获得更好的使用体验，建议使用谷歌（Google Chrome）浏览器打开课件。

②没有安装打开课件所需要的软件。常见的课件类型有PPT、Word、Flash、PDF等。请在网上搜索能够打开或播放该类型课件的软件，并正确安装后，再尝试重新打开课件。

（2）登录个人空间后显示白屏怎么办？

这可能是浏览器缓存问题导致的，建议清除浏览器缓存后再进行登录，或者尝试更换浏览器。

（3）忘记登录密码怎么办？

学生可以点击登录页面中的"忘记密码"，根据提示重置密码。

5. 在课程学习中，网络教学团队能提供哪些帮助？

国家开放大学以课程为单位，组建了覆盖全国的网络教学团队。网络教学团队包含总部、分部、学习中心的教师，他们根据课程情况，建设学习资源，以及开展直播教学、辅导答疑、批改作业、促学督学等。学生可以通过所在的学习中心和分部了解自己所学习课程的网络教学团队情况，与团队教师建立联系，参与团队教师的教学活动，接受团队教师的教学辅导，在团队教师的支持下顺利地开展学习。

评价与反思

1. 同学们，当你们进入一个课程的学习界面后，你们会比较关注哪几个栏目？为什么？

2. 同学们，请想一下学习网上学习一般需要哪些步骤？

学习活动三：完成课程学习 03

任务二　关于课程考试

问题提出

1. 课程考核采用什么方式？
2. 形成性考核有哪些基本形式？
3. 终结性考试有哪些形式？
4. 形考任务如何完成？
5. 考试纪律有哪些要求？
6. 学生考试违规将受到什么处罚？

问题解决

1. 课程考核采用什么方式？

国家开放大学课程考核一般采取形成性考核和终结性考试相结合的方式，其中在学习过程中的学习行为记录和进行的学习测评为形成性考核，学习完一门课程后进行的考核为终结性考试。

课程考核总成绩根据课程考核说明，由形成性考核成绩与终结性考试成绩两者按一定比例合成计算。课程考核总成绩达到及格，视为通过课程考核，学生可以获得相应的课程学分，但对于执行"双及格"规定的课程，终结性考试成绩和总成绩须同时达到及格，方为通过课程考核。

国家开放大学的课程考核，除了传统的纸笔考试、口试、提交论文或作品等方式，还有基于计算机网络的考核，如图3-25所示。形成性考核可在国家开放大学学习网上完成，学生也可以下载形考任务，以纸质形式完成；终结性考试通过网络考试系统完成。

图 3-25　国家开放大学网络考试平台

2. 形成性考核有哪些基本形式？

形成性考核是对学生学习过程中学习行为、学习效果等的评价。形成性考核作为学生课程考核总成绩的组成部分，可以更全面地测评学生的学习效果，便于教师有针对性地进行个别学习辅导，也有利于学生及时发现和弥补学习中的薄弱之处。形成性考核的基本形式有阶段性学习测验（包括撰写小论文、研究报告、案例分析、学习总结，也可以是类似考卷的测试任务）、教学实践活动、专题讨论、学习记录等。

3. 终结性考试有哪些形式？

终结性考试包括纸笔考试、网络考试、开放性考试（包括口试、大作业、作品、论文等）形式，教师可根据课程特点采用一种或几种组合的形式进行。纸笔考试考 2 天，一般安排在每年 1 月初和 7 月初的周末 2 天进行。网络考试一般考 2 个月，安排在每年 5 月中旬和 11 月中旬开始，由各分部（学院）自行确定时间组织考试。国家开放大学实行滚动开课，每学期都会安排考试，终结性考试需在课程学习过程完成后才能进行。学生如果在本学期课程考试不及格，也不必过于担心，还可以参加下学期或以后学期相同科目的多次考试。

4. 形考任务如何完成？

学生学过某个或某些章节知识点的资源后，需要完成本阶段的形考任务。形考任务位于课程页面上部的课程学习区域，如图 3-26 所示。

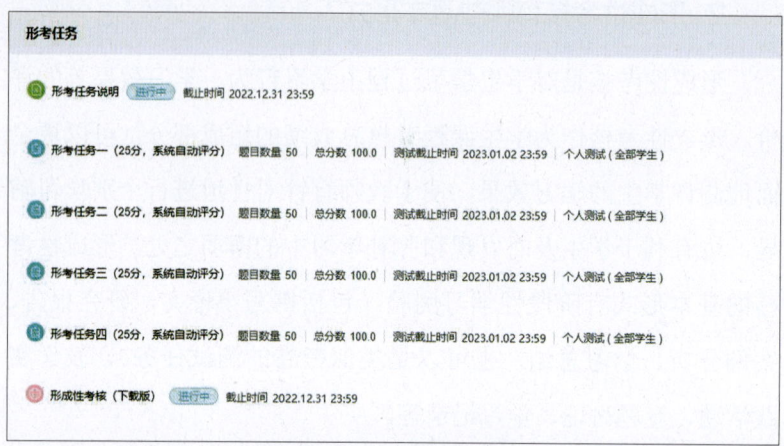

图 3-26 形考任务列表

（1）如何完成测试型形考任务？

在课程中，最常见的形考任务形式是测试型。测试一般是学生在学习过程中自我测试并即时获得成绩的一种考试形式，试题类型一般以客观题为主，包括单项选择题、多项选择题、判断题等。学生全部做完后点击"交卷"。其主要操作步骤如下。

第一步：浏览任务要求。在该任务的首页，学生可以看到本次任务的具体要求，包括测试开放时间、测试开始时间、测试截止时间、成绩比例、允许尝试次数、计分规则、完成指标等。学生点击任务要求下方的"开始答题"按钮即可进入答题页面，如图 3-27 所示。

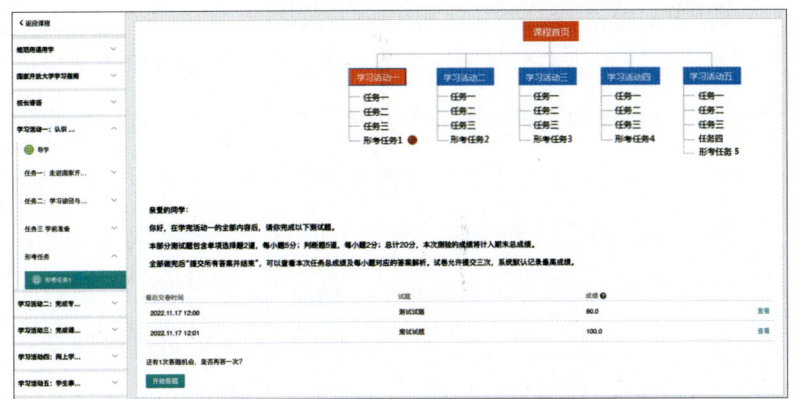

图 3-27 阶段性学习测验说明页面

第二步：完成任务。在答题页面中，学生可以看到所有的待作答题目，完成所有题目后，点击"交卷"按钮，如图3-28所示。

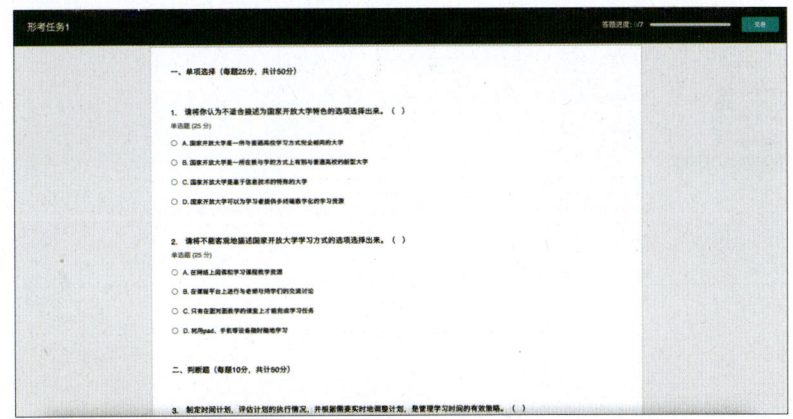

图 3-28 阶段性学习测验内容页面

(2) 如何完成文本作业型形考任务？

文本作业是要求学生通过文本编辑器在线编辑或将离线完成的作业在线提交的文本类作业形式的形考任务，包括提交所收集的资料、小论文、学习报告等。其主要操作步骤如下。

第一步：浏览任务要求。在任务的首页，如图 3-29 所示，学生可以看到本次任务的具体要求，包括占成绩比例、开放时间等。学生点击"作业要求"下方的附件名按钮即可进入题目页面，可以查看题目要求，如图 3-30 所示。对于需要在线作答的文本作业，学生可选择"我的作业"，点击"写作业"，进入在线编辑页面，如图 3-31 所示。

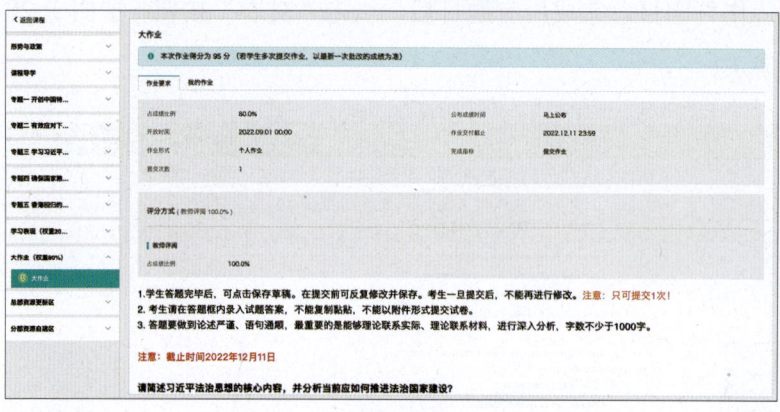

图 3-29　在线文本作业首页

学习活动三：完成课程学习 03

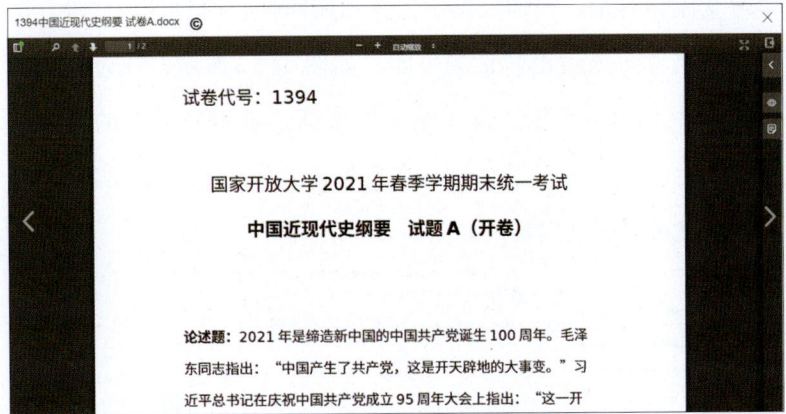

图 3-30 在线文本作业题目

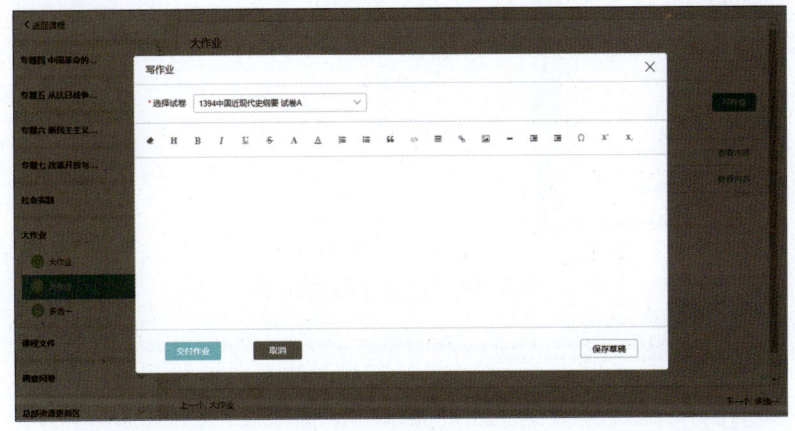

图 3-31 在线文本作业页面

第二步：提交作业。学生用文本编辑器完成作业或者将离线作业上传后，点击页面下方的"交付作业"按钮，就完成了此项作业。

（3）如何完成专题讨论？

专题讨论型形考任务，要求学生在讨论区与教师或同学进行学习交流和讨论，教师根据学生发帖或回帖的内容进行评价。学生点击名称进入讨论区话题页面，如图 3-32 所示。在讨论区话题页面中，学生点击"发表帖子"按钮，就可发起新的话题讨论。学生单击某个话题名称，在发帖内容下方点击"发表回帖"按钮，就可以回复发帖，如图 3-33 所示。

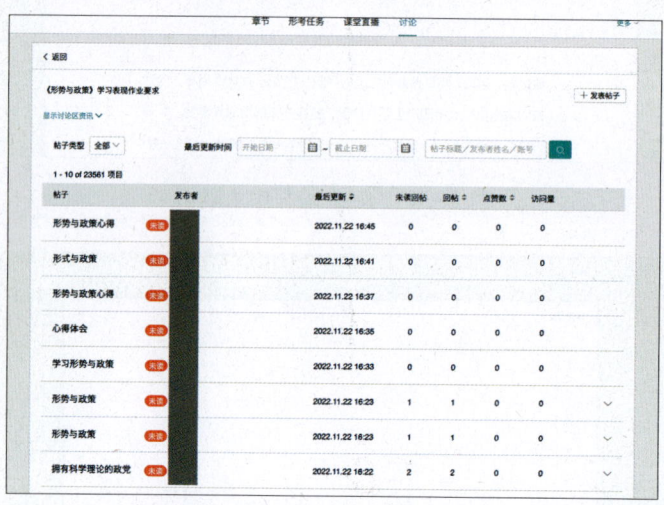

图 3-32　讨论区话题页面

图 3-33　讨论区回复页面

形考任务无法提交主要有两方面原因：第一是超过了提交截止时间，因而无法提交；第二是上传文件不符合要求，比如文件大小超过上限，学生可以按照要求修改后再次上传。

根据课程内容的不同，教师会布置不同类型的形考任务，除了以上3种类型，还有多人协同写作、互动评价、离线作业、高级文件上传等类型，请学生按照先浏览任务要求、再按要求作答的步骤完成。

5. 考试纪律有哪些要求？

学生应遵守国家开放大学课程考核相关管理规定，认真、独立地完成形成性考核和终结性考试。对于形成性考核，严禁抄袭、找人代做等行为。对于终结性考试，学生进入考场参加考试前，需配合进行人脸识别，关闭手机并将手机放至指定位置，严格遵守考场纪律，服从监考人员的监督管理，严禁替考、作弊等违规行为，做诚实守信的学生。

6. 学生考试违规将受到什么处罚？

国家开放大学对学生考试违规行为有明确的规定，根据《关于印发〈国家开放大学学生考试纪律与违规处理办法（试行）〉的通知》（国开考〔2019〕21号）有关规定，学生违反考试纪律，按性质分为违纪、作弊、替考和扰乱考试秩序4类，学校视情节严重程度，将违规情况记录在考生成绩档案中，除此之外，学生还将分别受到取消该科目考试成绩、取消学士学位申请资格、停考一学年、给予留校察看、开除学籍等处罚。

《关于印发〈国家开放大学学生考试纪律与违规处理办法（试行）〉的通知》

评价与反思

同学们，完成一次形成性考核作业，看看课程里需要完成的作业数量和完成时间。

拓展知识

1. 考试方式

依据在考试时是否允许学生携带、使用相关的学习资料参加考试，考试分为开卷和闭卷两种方式。

其中，开卷考试允许学生携带、利用任何学习资料进入考场，但不允许互相讨论，须由个人独立完成答卷；闭卷考试不允许学生携带任何学习资料进入考场，学生须凭自己的记忆与掌握的知识和技能独立完成答卷。考试时间一般为60～90分钟。考生参加考试时必须携带的证件有身份证、学生证和准考证。其中，准考证在考试前一般由班主任或教学部门发放，准考证上会注明考生的基本信息及考试科目、时间、地点等内容。当前，考生还需要关注本地政府和学校的防疫要求。

2. 留考

如果你报考的2门或2门以上课程被安排在同一时间考试，你可以按规定的考试时间先参加其中一门课程的考试。之后，学校会为你安排其他课程的考试，这种方式叫作留考。关于留考的科目，准考证上会标注，请一定注意查看。

在进入考试周之前，你需要认真了解考试的有关事项

学习活动三：完成课程学习 **03**

和要求，认真检查考试时间安排表。如果你参加考试的科目在时间上有冲突，要及时向教师反映，以便教师在考前进行留考安排。

任务三　课程免修、免考

问题提出

1. 什么是课程免修、免考？共有几种申请类型？

2. 哪些学习成果可以用于申请课程免修、免考，是否有时效性的规定？

3. 申请课程免修、免考是否有学分限制？

4. 课程免修、免考申请流程是什么？

问题解决

1. 什么是课程免修、免考？共有几种申请类型？

（1）课程免修、免考。

如果学生在参加国家开放大学学习之前或者参加国家开放大学学习的过程中，学习了不低于现在所学教育层次的课程，并且成绩合格或取得了相应的资格证书，那么可以向学习中心申请免修、免考国家开放大学相关课程。

（2）课程免修、免考的申请共有2种类型。

第一种是课程免修、免考，既免修该课程，也免除终结性考试。当学生所取得的学习成果，其学分、教学内容、教学要求不低于现修专业被替代课程的学分、教学内容、教学要求，可申请免修、免考。经审核允许免修、免考的被替代课程，课程信息按现修专业人才培养方案中被替代课程的实际信息记录，成绩记为"合格"。被替代课程成绩不计入学位审核中必修课平均分的计算，在奖学金和优秀毕业生评选时不列入计算平均分的范围。

第二种是课程免修、不免除终结性考试，即免修、不免考。学生取得的学习成果，其学分或所属专业层次低于被替代课程的学分或专业层次，但与现修专业被替代课程学时相近，且内容相关度高于70%，可申请免除参加被替代课程的形成性考核，但须参加终结性考试。经审核允许免修、不免考的被替代课程，其课程信息按现修专业人才培养方案中被替代课程的实际信息记录。成绩由形成性考核满分的 80% 与终结性考试实际成绩按比例加权合成。

2. 哪些学习成果可以用于申请课程免修、免考，是否有时效性的规定？

学生可用于申请课程免修、免考的学习成果类型为：学分银行开具的学习成果转换证明；国家开放大学课程（包括单科注册课程）、高等教育自学考试课程、国民教育系列其他高等学校课程（包括单科结业课程）；经国家相关政府部门、行业协会认定的资格证书、考核等级证书和职业技能等级证书等；国家开放大学总部认可的其他类型的学习成果。一个学习成果只能用于一次课程免修、免考。

如果学生取得的学习成果未在现行课程免修、免考规则中，那么学生可通过所在分部向总部进行学习成果转换规则申请，由总部组织专家对学习成果转换成学历课程的免修、免考规则进行审核后，学生可进行相应课程免修、免考申请。

原则上申请免修、免考的学习成果认证年限为学习成果获得后的 8 年（含）以内；申请免修、不免考的学习成果认证终身有效。

3. 申请课程免修、免考是否有学分限制？

学生申请免修、免考课程的学分比例最高不超过现修专业最低毕业所修课程（不含思想政治理论课、综合实践环节课程）总学分的 40%。

《关于印发〈国家开放大学本专科专业课程免修、免考管理暂行办法〉的通知》

4. 课程免修、免考申请流程是什么?

国家开放大学会定期发布免修、免考规则,学生可对照申请条件及相关要求,通过所在学习中心在线提交免修、免考申请表,经所属分部审核、总部终审后,在线反馈审核结果。

评价与反思

同学们,学习了这个任务之后,在申请课程免修、免考时,你们知道如何进行申请了吧,在学习中你们可以查询一下学过的课程或学习成果,是否可以申请免修、免考。

任务四 课程学习中的互动与分享

老师,平时我们怎么和老师、同学联系呢?

小闫,有很多途径,比如 QQ 群、微信群、论坛等都能实现与老师、同学的联系和交流。

学习活动三：完成课程学习　03

🔍 问题提出

学习中常用的沟通工具有哪些？

📖 问题解决

学习中常用的沟通工具有哪些？

（1）课程讨论区。

学习网课程中"讨论"类型的教学活动借助课程讨论区开展，课程讨论区又称为"论坛"。教师利用课程讨论区针对特定主题组织学生发言讨论，有助于学生对所学内容的理解，同时学生也可以在课程讨论区中提出疑问，其他同学和教师可以在其中回复答疑（如图3-34所示）。

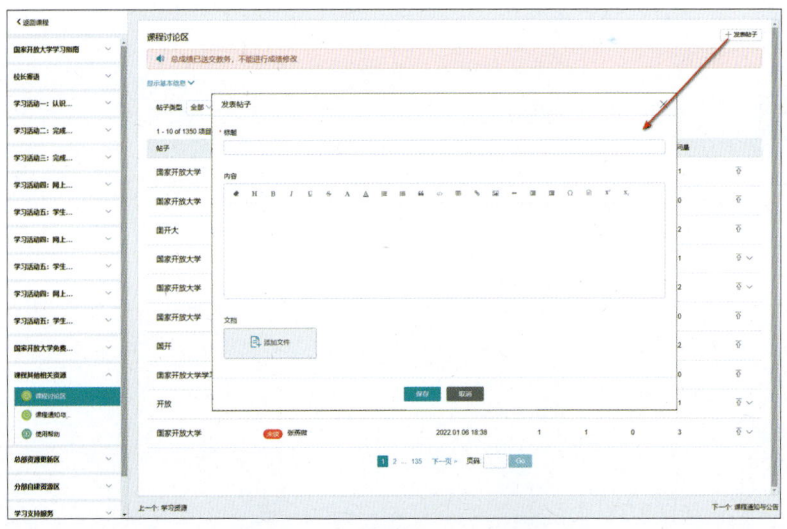

图3-34　课程讨论区页面

（2）QQ、微信等社交网络应用。

QQ 和微信等社交网络应用也是教师和学生在学习过程中常用的交流沟通工具。学生和教师利用这 2 款应用，既可以实现一对一交互，也可以促成多人交流。

评价与反思

同学们，通过课程讨论区或 QQ、微信等工具尽快与你们的学习伙伴建立联系吧，尝试在讨论区里发个破冰的帖子，让我们尽快熟悉起来吧！

学习活动四：掌握网上学习操作技能

线上线下相结合的混合教学是国家开放大学开展教学活动的主要途径，掌握必要的网上学习操作技能对于学生顺利完成课业有很大帮助。现在我们一起来了解国家开放大学的网上学习方式，掌握网上学习的基本操作技能和常用工具的使用方法。

任务一　网上学习操作

老师，我怎么在网上开始学习呢？

小李，网上学习很简单！登录国家开放大学学习网，进入个人空间进行相关的操作就可以了。

问题提出

如何进行网上学习操作？

问题解决

如何进行网上学习操作？

学生通过国家开放大学学习网（http://one.ouchn.cn）进入登录页面，输入账号和密码登录到个人空间，如图4-1所示。学生既可以在页面顶端左侧查看自己的信息，也可以点击"退出登录"，退出当前账号。在个人空间中，学生还可以看到"系统直通车""办事服务""我的待办""我的申请""我的课程""证书下载"等栏目，学生在这里可以了解课程的学习、处理事务、下载相关证书等。

在"我的课程"中，学生可以查看自己正在学习的课程，如图4-2所示，点击课程右侧"去学习"按钮就可以进入课程页面。

"办事服务"可以办理流程事项，如图4-3所示，包括"学生选课查看""学籍个人信息查询""培养方案""学籍异动信息查询""免修免考信息""缴费订单""成绩查询"。

学习活动四：掌握网上学习操作技能　04

图 4-1　学生个人空间页面

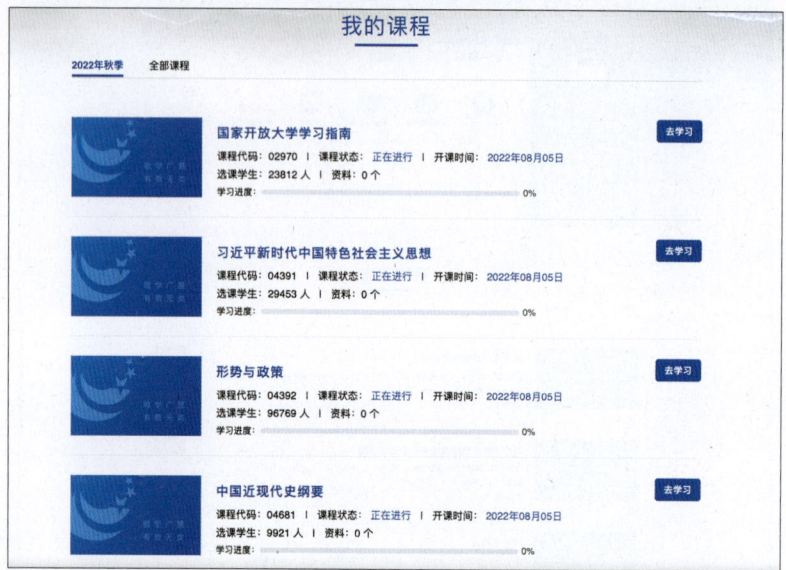

图 4-2 "我的课程"页面

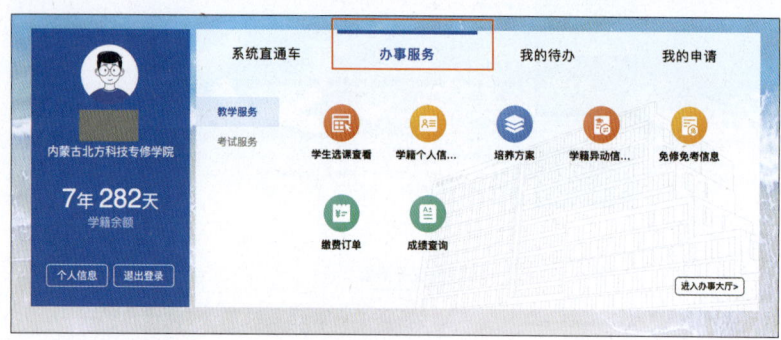

图 4-3 "办事服务"页面

学习活动四：掌握网上学习操作技能 04

"证书下载"为学生证书下载渠道，如图4-4所示，学生可以从"证书下载"中自主下载证书。学生点击"更多证书"按钮可查看更多证书信息。

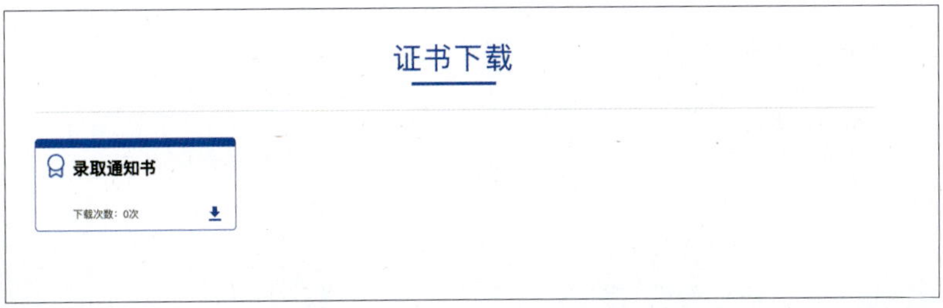

图 4-4 "证书下载"页面

此外，"我的待办"和"我的申请"方便学生查看和处理自己的待办事项；"我的消息"方便学生接收平台发送的消息。

个人空间页面的最下端为底部导航设计，如图4-5所示，学生可以通过底部导航键访问想要查询的信息系统。

图 4-5 底部导航设计

评价与反思

同学们，请你们在学生个人空间中查询课程信息，熟练掌握各项学习功能的操作。

任务二 常用上网工具

问题提出

我们完成网上的学习需要哪些工具来支持？

问题解决

我们完成网上的学习需要哪些工具来支持？

网上学习经常用到的软件和应用是我们的学习工具。

（1）浏览器。

浏览器是用来浏览网页的软件，我们可以通过浏览器访问国家开放大学学习网。主流浏览器有 Chrome 浏览器、IE 浏览器、

学习活动四：掌握网上学习操作技能　04

QQ 浏览器、搜狗高速浏览器和 Firefox 浏览器等。有时候网络课程并不能很好地兼容所有浏览器，如果学生学习的课程出现显示错位等问题，不妨换一个浏览器或将浏览器升级至最新版本再试一下。

（2）下载及解压缩工具。

常用的下载工具有迅雷、电驴等，它们都具有较快的下载速度。为了节省空间和缩短信息在网络上的传输时间，学生往往需对文件做压缩处理。学生在使用压缩文件时，需要进行解压缩操作，这时就需要用到解压缩软件，常用的解压缩软件是 WinRAR。

（3）文本显示、影音播放工具。

学习资源的类型和技术格式多种多样，学生在使用不同的学习资源时需要用到的软件也是不同的。常用的文本显示软件有 MS Word（用于 Word 文件）、MS PowerPoint（用于 PPT 文件）、Adobe Reader（用于 PDF 文件）等。音视频资源可以利用 Media Player、KMPlayer、暴风影音等主流影音播放软件播放。

（4）交流工具。

交流工具主要有 QQ、微信、微博、论坛等。这些交流工具提供的文本即时通信、小组讨论、社交网络等功能在学生的学习过程中能发挥促进交流互动的作用。

（5）视频会议类工具。

国家开放大学在开展教学过程中会安排适量直播教学活动。这些直播教学活动通常可以在学习网中直接收看，有时则需要借助常用的视频会议类工具，如腾讯会议、小鱼易连等。

评价与反思

同学们,请你们想一想还有哪些常用的上网工具,可以和同学进行交流讨论。

拓展知识

随着移动互联网的普及,手机、平板电脑等移动终端为移动学习提供了便利。下面介绍几种在移动终端中常用的网上学习应用软件。

浏览器类:Chrome、UC、终端自带浏览器等,用于浏览课程网页。

输入法类:搜狗输入法、百度输入法、QQ输入法等,用于移动终端快捷的文字输入。

短视频应用:抖音、bilibili 等短视频应用有大量的免费学习资源,国家开放大学开通了"国开之声"官方账号,同学们可以关注并观看学校发布的优质短视频。

学习活动四：掌握网上学习操作技能　04

任务三　数字图书馆

问题提出

1. 如何访问数字图书馆？
2. 如何检索资源？
3. 数字图书馆有哪些资源库？

问题解决

1. 如何访问数字图书馆？

学生登录学习网个人空间后，在"系统直通车"页面最下方点击"数字图书馆"，如图4-6所示，即可进入数字图书馆首页，直接访问及免费下载数字资源。学生也可以直接访问 https://library.ouchn.edu.cn，进入数字图书馆首页，如图4-7所示。

图 4-6　数字图书馆访问入口

图 4-7　数字图书馆首页

2. 如何检索资源？

(1) 数字文献资源检索。

①普通检索。

普通检索包含图书、期刊、学位、会议、标准、专利、古籍7种类型，支持全部字段、标题、作者、刊名、关键词、摘要、机构等检索途径。学生输入检索关键词，选择检索匹配字段，点击检索，如图4-8至图4-10所示。

图4-8　图书检索框

图4-9　期刊检索框

图4-10　学位论文检索框

②高级检索与外文检索。

● 高级检索

高级检索支持使用运算符与、或、非进行同一检索项内多个检索词的组合运算,支持模糊(自动对检索词分词)与精确(不对检索词分词)检索,如图4-11所示。

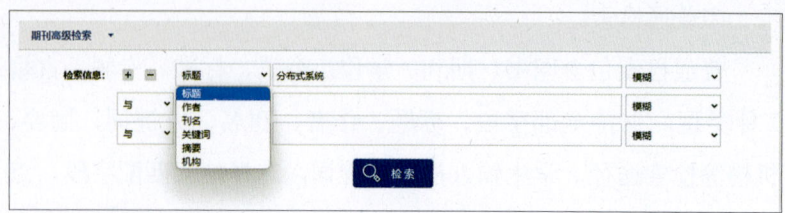

图4-11 高级检索

● 外文检索

学生输入检索词,点击"外文检索",跳转到"外文文献保障平台"进行检索及相关操作。

③检索列表。

学生在检索框中输入需要检索的内容,点击相应检索方式,进入检索列表页,如图4-12所示。列表页左侧提供了年份、核心、语种、作者等聚类功能。学生在检索结果页面左侧聚类面板点击分类,即可进一步筛选出所需资源。

同时,列表页右侧展现了相关热词及该检索词在其他检索途径的检索结果,方便学生进行相关文献查找。

④详情页。

学生在检索列表页点击论文,进入详情页,如图4-13所示。详情页展示了论文标题及论文相关字段信息,支持收藏和点赞论文,收藏的论文可在个人图书馆"我的收藏夹"中查看。同时,其可根据大数据挖掘分析出部分与查看的文献主题相近的其他文献进行推荐,为学生提供阅读参考。

学习活动四：掌握网上学习操作技能 04

图4-12 检索列表页

(2)多媒体资源检索。

多媒体资源检索包含视频检索和音频检索，支持对检索类型的切换，能够通过课程名称、课程系列、主讲人、课程简介等检索途径进行检索，如图4-14所示。

图 4-13 论文详情页

学习活动四：掌握网上学习操作技能　04

图 4-14　多媒体资源检索

多媒体资源检索列表页，支持对资源的收藏和点赞，收藏的资源可在个人图书馆"我的收藏夹"中查看，如图 4-15 所示。

图 4-15　多媒体资源检索列表页

3. 数字图书馆有哪些资源库?

国家开放大学数字图书馆目前有中外文电子图书全文 20 余万册;中外文学术文献 16 000 种,共 8 000 万篇;外文学术文摘 3 000 万篇;中文社科期刊 4 000 种,学生可进行图书、期刊、学位论文等一站式检索。

学生扫描关注"国家开放大学图书馆"微信公众号,可以了解到图书馆的活动安排、最新通知、数字资源及图书推荐等。

"国家开放大学图书馆"微信公众号

评价与反思

同学们,学习了这个任务,你们了解怎么使用数字图书馆了吗?在日常的学习中,你们可以逐渐熟悉、掌握数字图书馆的功能,充分利用数字资源,一起畅游知识的海洋吧!

拓展知识

数字图书馆的主要数字文献资源包括:

1. 中国知网(CNKI)系列数据库

中国知网(CNKI)系列数据库是中文学术论文领域较

为通用的数据库，提供中文学术期刊、学术会议论文、博硕士论文、年鉴、工具书、高等信息库、经济信息库等类型的文献资源。

2. Web of Science

Web of Science 是全球知名的引文索引数据库平台，既是全球研究人员及时获取重要学术信息的研究情报平台，也是国内外众多高校进行科研发展和一流学科建设的重要支撑型学术信息数据库平台，可为国家开放大学的学科发展和教职工的科研工作提供相应的研究支撑。

3. EBSCO（ASP+BSP）

EBSCO（ASP+BSP）可提供100多种全文数据库和二次文献数据库。

Academic Source Premier（ASP）提供了近4 700种出版物全文，学科涉及生物科学、工商经济、资讯科技、人文科学、社会科学、通信传播、工程、教育、艺术、文学、医药学等领域。Business Source Premier（BSP）是行业中使用最多的商业研究数据库，它提供了2 300多种期刊全文，对所有商业学科都进行了全文收录。

4. iresearch（爱学术）电子书库

iresearch（爱学术）电子书库是一个外文电子书集成平台，旨在汇聚世界领先出版社的优质电子图书资源，为高校和科研机构的学科建设提供丰富的电子书资源，并提供便捷的一站式服务。

5. 京东读书专业版

京东读书专业版是一个专注于大学生阅读的电子书阅读平台，图书全部正版授权，资源种类丰富且更新速度快。其现有近20万种正版图书，覆盖哲学、经济学、法学、文学、历史学、医学、管理学、艺术、工业科技等十多个学科，满足读者各种阅读需求。

6. 喜马拉雅

喜马拉雅，以"用声音分享人类智慧"为使命，以"听"的方式让人们去阅读各种图书和优秀内容，让阅读更便捷、更时尚，在解放人们双眼的同时也降低了获取内容的时间成本，实现了让人们随时随地都可以收听自己感兴趣的内容，从中获取知识和乐趣。同时，其通过大数据分析，将不同区域人们喜爱的内容精准地投放到相应的场景内容中。

7. Artlib 世界艺术鉴赏库

Artlib 世界艺术鉴赏库为艺术教育提供资源及方法，目前收录了8万多幅高清图片并实时更新，涵盖油画、素描、版画、水彩、国画、书法、壁画、雕塑、篆刻、建筑艺术及其他类型，包含艺术普及、艺术故事、艺术品、艺术家、机构、艺术与阅读等内容。

8. 北大法宝法律法规检索系统

北大法宝法律法规检索系统收录了1949年至今所有现

行有效法律、行政法规、政府部门规章、中央法规司法解释和案例、全国的地方法规和规章、国际经济公约以及大量合同范本和法律文书,为法律专业教学提供了专业的法律信息服务支持。

9. 龙源期刊网

龙源期刊网包含文学文摘、文化艺术、民生科普、管理财经、体育健身等领域的社科期刊,为读者提供了丰富的休闲电子阅读内容,支持多种阅览模式。

10. 软件通视频课程数据库

软件通是通过"微课程"(知识点+实例)的形式,帮助用户快速学习和掌握各院系、各学科主流软件操作技能的自助式网络学习系统,也是目前国内唯一大规模面向实践的学习型数据库系统,涵盖各领域技能型应用软件上百种,截至2021年视频总数60 000多个,并以每年超过5 000个微视频的速度持续递增,每个视频5~10分钟,总时长近6 000小时。源素通包含办公模版、室内外建筑模型、开发源码子电路、宣传图库、UI创意库、图表库等资源,是计算机应用领域的服务产品。

11. 中科VIPExam外语数据库

该数据库涵盖外语类、计算机类、考研(含在职考研)类、公务员类、职业资格类、财经类、工程类、司法类、医学类等12大专辑,包括1 600余个小类热门考试科目,收录历年真题试卷及权威模拟试卷19万套，具有模拟自测、离线答卷、错题库、错题重组等功能。

12. 中国共产党思想理论资源数据库

该数据库完整、系统地收入了党的思想理论主要著作文献，包括16 000多种图书，内容覆盖我国出版的马列经典著作、党和国家主要领导人著作、公开发表的中央文件文献等，还收入了大量研究性著作、党史和国际共产主义运动史著作、重要人物资料，以及革命战争年代出版的部分重要图书等。

学习活动五：了解学生事务服务

同学们，通过前4个学习活动，相信你们对如何在国家开放大学学习有了一个整体的认识。为了帮助学生提高思想政治素质，解决学习中的各种困难，丰富课余生活，学校向学生提供了体贴、周到的学生事务服务。现在我们一起来了解一下什么是学生事务，学校提供了哪些服务，学生怎样才能获得学校的这些服务。

任务一　认识学生事务服务

老师，学生事务服务是什么意思啊？

小李，学生事务服务就是与学生相关的服务项目，快来了解一下吧！

问题提出

1. 哪些机构和部门提供学生事务服务？
2. 学校提供的学生事务服务主要包括哪些方面？

问题解决

1. 哪些机构和部门提供学生事务服务？

在国家开放大学，学生事务服务一般由各级办学机构的学生事务管理部门及相关责任部门承担。目前，学校基本建立了覆盖各级办学机构、较为完善的学生事务管理组织体系，负责学生的事务管理和支持服务。

国家开放大学学生事务管理组织体系按照办学层级主要分为3个层级：国家开放大学学生事务相关管理部门、分部学生事务管理部门和学习中心学生事务管理人员。它们的基本情况如下：

①国家开放大学总部负责规划和管理各分部及学习中心的学生事务服务，制定学生事务服务的各项规章制度和收付费政策，组织开展全国范围内的学生活动，开展学生思想政治教育工作及各类学生奖（助）学金和评优工作，提供基于网络的远程咨询服务等。

②分部学生事务管理部门负责制定和开展本区域的学生事务服务政策与工作，各项业务主要在所属的学习中心范围内开展。

③学习中心是学生学习和活动的主要场所，其学生事务管理人员是学生事务管理和服务的直接承担者，工作职责为执行总部

学习活动五：了解学生事务服务 05

和分部的相关制度，组织学生参加各项课外活动。

此外，学生组织是由学生建立和管理的自治团体，是国家开放大学学生工作体系的重要组成部分，包括学生会、校友会、学生社团、教学班、学习小组和其他学生组织等。

在学习过程中，学生接触最多的是学习中心的导学教师、学生干部和各类学生组织，他们与学生联系最密切，直接为学生处理相应的事务和提供各类支持服务。

2. 学校提供的学生事务服务主要包括哪些方面？

为了适应学生的学习和发展需求，学校提供了多样化的学生事务服务，包括评优、奖（助）学金、特定人群扶助、学生活动、虚拟学生社区、收付费、其他服务等方面。这些服务的目的是激发学生的学习动力，减少学习的障碍和困难，增进学生的交流互动，丰富校园文化生活。我们为学生提供的服务项目如图 5-1 所示。

评优主要包括优秀毕业生、优秀学生、优秀学生干部、杰出校友等评选。总部设立了国家开放大学奖学金。学生活动包括各种文体活动与学科竞赛，如"我的学习故事"演讲大赛、学生英语口语大赛等。学校建立了虚拟学生社区，设立了个人空间、网上班级、学生论坛、校友录等栏目，为学生营造了良好的网上校园文化。此外，学校还为特殊学生群体提供相应的服务，为学生提供心理咨询与辅导、职业生涯规划等个性化服务。

图 5-1 国家开放大学学生事务服务项目

评价与反思

同学们，你们知道国家开放大学学生事务服务主要有哪些内容吗？你们还希望学校提供哪些服务？

05 学习活动五：了解学生事务服务

任务二　参加学生活动

老师，我们可以参加哪些课外活动？

小闫，我们有丰富多彩的课外活动，通过参加这些活动，你可以和全国的同学进行交流和沟通。

🔍 问题提出

1. 国家开放大学总部一般都组织什么样的学生活动？学生如何参加这些活动？

2. 国家开放大学分部和学习中心都有哪些学生活动？学生如何参加这些活动？

3. 学校有哪些学生组织？

97

问题解决

1. 国家开放大学总部一般都组织什么样的学生活动？学生如何参加这些活动？

国家开放大学总部每年结合不同主题，面向办学体系组织学生活动，近几年组织了国家安全、纪念建党100周年等主题教育系列活动，以及"国开工匠杯"学生数控技能大赛、"我的学习故事"演讲大赛、学生英语口语大赛、学生校园活动展播、摄影大赛等。

同时，学生还可以参加中国国际"互联网+"大学生创新创业大赛，与全国普通高校、职业院校学生同台竞技。

2021年，在第七届大赛中，国家开放大学办学体系共征集参赛项目9 486个，24 801人参赛。省赛中，国家开放大学学生获得金奖49个、银奖31个、铜奖42个。国赛中，国家开放大学学生获得5金8银16铜的优异成绩。

2022年，在第八届大赛中，国家开放大学办学体系共征集参赛项目18 570个，47 352人参赛。省赛中，国家开放大学学生获得金奖66个、银奖72个、铜奖134个。国赛中，国家开放大学学生摘得7个金奖。国家开放大学连续两年成为职教赛道获得金奖数量最多的学校。

这些活动得到了各分部和学习中心学生的积极响应、热情参与，活跃了开放教育校园文化氛围，产生了良好的社会影响。图5-2至图5-6展示了这些活动的精彩瞬间。图5-7展示了国家开放大学杰出校友的风采。此外，国家开放大学还充分利用网络，组织各类在线学生活动。

图 5-2 国家开放大学党委书记、校长荆德刚带领办学体系师生参加第七届中国国际"互联网+"大学生创新创业大赛总决赛

图 5-3 国开大讲堂·国家安全教育公开课

图 5-4　国家开放大学"我的学习故事"演讲大赛总决赛颁奖现场

图 5-5　国家开放大学纪念建党 100 周年学生主题教育系列活动展示页面

学习活动五：了解学生事务服务 05

图 5-6　国家开放大学首届学生英语口语大赛总决赛颁奖典礼

图 5-7　国家开放大学杰出校友风采展示页面

2. 国家开放大学分部和学习中心都有哪些学生活动？学生如何参加这些活动？

在总部的带动下，分部结合学生的特点和需求，开展了丰富多彩的学生活动。例如，浙江分部积极参加国家开放大学组织的"百万学生同上一堂国家安全教育课"活动，在西湖边组织了"快闪"活动；深圳分部倡导"参与、互助、奉献、进步"的义工精神，开展了一系列公益活动（如图5-8所示）；安徽分部结合网络优势，举办了"电大好声音"校园网络歌手大赛；四川分部举办了"镜显正能量 放飞电大梦"微视频大赛（如图5-9所示）；北京分部东城分校为加强学生之间的交流，模拟电视真人秀节目，举办了"奔跑吧，同学"活动（如图5-10所示）。

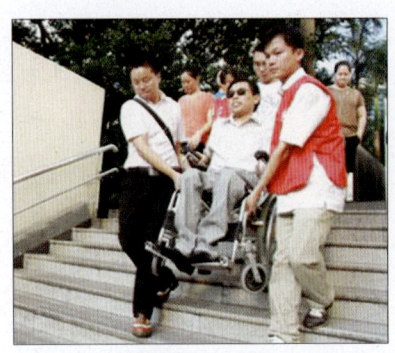

图5-8 深圳分部学生志愿者为同学们服务

图5-9 四川分部微视频大赛作品——《村支书的大学》

学习活动五：了解学生事务服务　05

学生所在的学习中心也会定期组织相应的课外活动。学生在紧张学习之余，可以关注相关信息，积极参加学生活动，培养和提升自己的综合能力，增进与其他同学的友谊。

图 5-10　北京分部东城分校"奔跑吧，同学"活动现场

3. 学校有哪些学生组织？

为了满足学生在学习之余进行交流和兴趣培养的需求，促进学生的成长和发展，许多分部都建立了不同类型的学生组织，如学生会、学生社团和校友会等。

目前，许多分部建立了学生会，制定了章程和规章制度，组织了丰富多彩的学生活动。国家开放大学实验学院（北京）于2006年成立了学生会，并创建了学生会论坛。上海分部41家学习中心全部成立了学生会，每年召开全系统学生会干部培训大会。深圳分部学生会设立了学生会下设主席团、秘书部、学宣部、文艺部。广东分部珠海学院于2011年成立了班长协会，制定了协会章程，编辑了《追逐太阳》刊物。广州分部组建了专业类社团12个、兴趣类社团10个。

近些年，学生社团在各分部和学习中心得到了较快发展，部分分部的学生社团初具规模，受到了学生的欢迎。例如，深圳分部设立了民族舞社团、爵士舞社团、合唱社团、摄影社团、吉他社团、义工社团、英语社团。陕西分部延安分校成立了延安分校开放教育学生会、开放教育班委会、开放教育传统文化社团、开放教育自然科学社团、开放教育社会科学社团、开放教育兴趣小组社团，它们都开展了丰富多彩的活动，形成了一定的品牌和影响力。

许多分部和学习中心建立了校友会，组织各地的校友开展活动，为校友提供继续学习和职业发展的服务。天津分部在校友会的基础上组织建立了校友联盟。校友联盟以项目合作的方式开展工作，为校友提供项目展示、合作签约等方面的帮助与服务（如图5-11所示）。

图5-11 天津分部校友联盟活动现场

广东分部成立了校友会，开通了校友网（https://bgs.ougd.cn/xygz/xyfw.htm），同时成立了校友工作办公室；福建分部成立了校友总会，并颁布了校友会章程。

评价与反思

1. 同学们，你们知道国家开放大学总部组织了哪些全国范围的学生活动吗？

2. 同学们，你们希望学校成立哪些类型的学生组织或学生社团？

拓展知识

各类活动网页地址

国家开放大学第八届中国国际"互联网+"大学生创新创业大赛

http://xzcyds.sites.ouc-online.com.cn/#/index

全国大学生创业服务网

https://cy.ncss.cn/

国家开放大学纪念建党100周年学生主题教育系列活动展示

http://gjaqjy.ouchn.edu.cn/

国家开放大学思政类校园学生活动展播

http://49.4.80.138:8099/index.htm

国家开放大学工商管理案例设计与分析大赛

http://www.ouchn.edu.cn/gsgl/

任务三 如何寻求帮助

问题提出

1. 在学习过程中遇到问题，可以通过哪些方式进行咨询？
2. 如果在校期间权益受到侵害，该如何投诉？
3. 如果在校期间对学校处理决定有异议，是否可以申诉？

问题解决

1. 在学习过程中遇到问题，可以通过哪些方式进行咨询？

国家开放大学通过在线客服、电子邮件、电话等多种方式，为学生和社会求学者提供信息查询、问题咨询、业务受理等服务，随时接受学生关于平台登录，报名咨询、免修、免考，学分替换，毕业条件，学位申请等方面的问题咨询。

电话服务：400-867-9660

邮箱服务：ouc-online@ouchn.edu.cn

学生还可以向所在分部（学院）、学习中心进行咨询，与学业有关的问题可以咨询导学教师，与选课、报考、作业等有关的问题可以咨询班主任。

2. 如果在校期间权益受到侵害，该如何投诉？

如果学生在校期间权益受到侵害，可以向上级办学机构进行投诉。国家开放大学总部的投诉受理机构包括教学督导邮箱和信访办公室等。

教学督导邮箱主要针对学校的教学和教学管理等方面的举报投诉。

教学督导邮箱：Jxdd@ouchn.edu.cn

国家开放大学总部信访办公室受理学生在学习过程中的各类投诉，及时帮助学生解决相关的问题。

投诉邮箱：tous@ouchn.edu.cn

学生如果遇到不能按期毕业等问题，可通过班主任反馈到分部，通过分部及时与总部沟通，从而妥善解决问题。

3. 如果在校期间对学校处理决定有异议，是否可以申诉？

如果学生对学校处分处理和学位授予结果存在异议，可向班主任提出并逐级进行申诉。

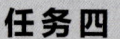 **评价与反思**

同学们，在权益受到侵害时，你们可以通过哪些方式向国家开放大学总部投诉呢？

任务四　如何获得奖励

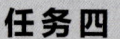 **问题提出**

1. 国家开放大学奖学金申请条件如何，如何评选？

2. 国家开放大学各分部设立了哪些类型的奖（助）学金项目？

3. 国家开放大学总部设立的学生评优项目有哪些？如何申请？

学习活动五：了解学生事务服务 05

4. 国家开放大学总部对优秀毕业生如何奖励、表彰和宣传呢？

5. 国家开放大学各分部和学习中心设立了哪些学生评优项目？

6. 国家开放大学的哪些学生可以获得资助？

问题解决

1. 国家开放大学奖学金申请条件如何，如何评选？

国家开放大学奖学金奖励对象为国家开放大学各专业在读学生，评选条件为：

①热爱祖国，拥护中国共产党的领导，具有坚定正确的政治方向，遵守国家法律、法规和学校各项规章制度，诚实守信、品德优良，行为规范。

②学习目的明确，学习态度端正，勤奋努力，锐意进取，积极参加学校组织的教学和其他各项活动，具有较强的自主学习能力，并在学习中善于合作、乐于帮助和带动他人共同学习。

③入学一年以上，已获得毕业总学分40%以上本专业课程（不包括补修课程）学分。获得过奖学金的学生再次申请奖学金时，需再获得30%以上的课程学分。

④学习成绩优良，本专业课程平均成绩不低于85分。

⑤在读期间获得国家、省（部）级奖励或中国人民解放军战区级奖励，对社会做出突出贡献者，不受奖学金分配名额限制且可适当放宽第三条、第四条所列条件要求。

省（部）级奖励是指省级党委、政府直接授予的奖励和国家各部委授予的奖励，省级党委或政府所属委、办、厅（局）等部门授予的省级劳动模范、五一劳动奖章、三八红旗手和青年五四奖章等奖项也视为省级奖励。

国家开放大学奖学金评选程序如下：

国家开放大学每年在国家开放大学网站向学生发布奖学金评选的相关信息。学生可以通过学生事务服务部门或导学教师了解申请奖学金的详细信息。

在奖学金评选过程中，首先由国家开放大学总部部署评选任务，再由分部组织学习中心开展初评，学习中心向分部推荐奖学金候选人，最终由总部公布获奖者名单。国家开放大学奖学金评审流程如图 5-12 所示。

2. 国家开放大学各分部设立了哪些类型的奖（助）学金项目？

许多分部设立了相应的奖（助）学金，初步形成了系统运作的奖（助）学金体系。这些奖（助）学金大都是分部拨款，还有一部分由社会资金支持。学生在申请这些奖（助）学金时，相关的申请条件可以查看分部网站或咨询学习中心的教师。

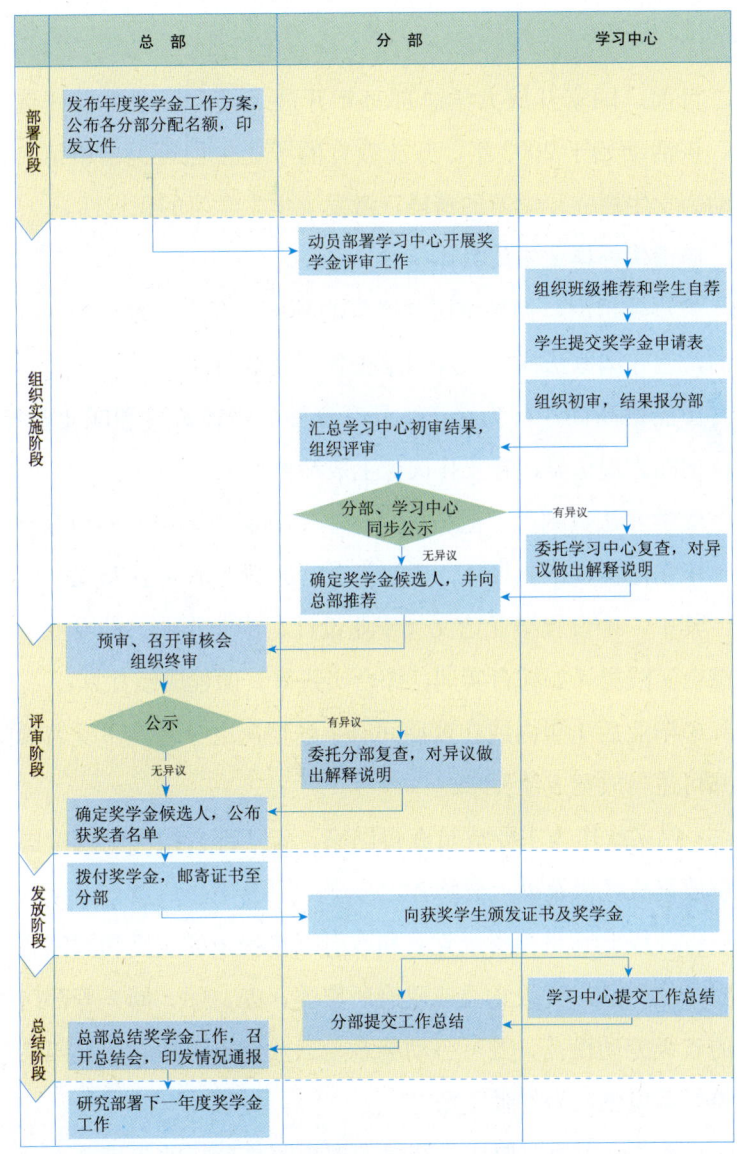

图 5-12 国家开放大学奖学金评审流程

3. 国家开放大学总部设立的学生评优项目有哪些？如何申请？

目前，国家开放大学总部每年开展"优秀毕业生"评选活动。该活动始于 2002 年，开放教育的毕业生均可提出申请。该活动为学生树立了学习的榜样，激发了学生学习的积极性。

申请优秀毕业生的具体条件：

①热爱祖国，拥护中国共产党的领导，具有坚定正确的政治方向，遵守国家法律、法规和学校各项规章制度。

②品德高尚、行为端正，具有良好的道德修养和职业素养，在读期间表现优异，在工作岗位上成绩突出。

③学习认真刻苦，成绩优良，本专业课程平均成绩和综合实践（毕业论文、毕业设计、毕业作业）成绩均不低于 75 分。

其中，未设置毕业论文（毕业设计、毕业作业）的专业，则按综合实践类（如综合实训、综合实践等）课程成绩计算。

④毕业后 1 年内或在读期间有下列情况之一者，不受名额限制并可适当放宽成绩要求。

• 独立或作为主要成员获得国家、省（部）级奖励或中国人民解放军战区级及以上奖励者。

省部级奖励是指省级党委和政府直接授予的奖励和国家各部委授予的奖励，省级党委或政府所属委、办、厅（局）等部门授予的省级劳动模范、五一劳动奖章、三八红旗手和青年五四奖章等类似奖项也视为省级奖励。

• 独立或作为主要成员获得大型集团总公司的先进个人、劳动模范或集体荣誉者。

• 独立主持或作为主要成员参与完成国家级重点课题或出版

原创性的专著者。

详细情况请关注国家开放大学门户网站优秀毕业生栏目（http://www.ouchn.edu.cn/Portal/Category/yxbys.aspx）。

国家开放大学制定了优秀毕业生评选办法，严格规范评审流程。国家开放大学优秀毕业生评审流程如图 5-13 所示。

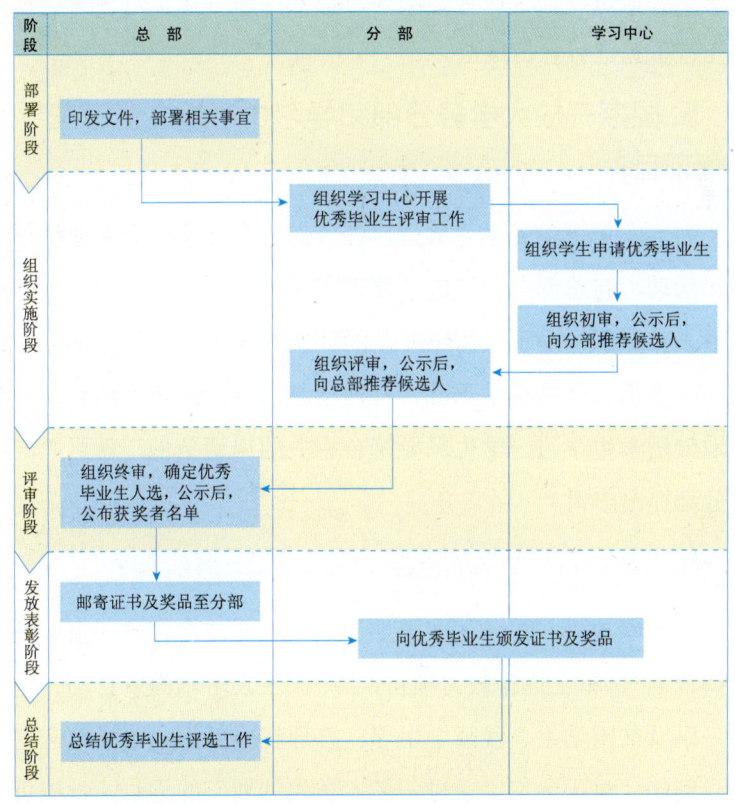

图 5-13　国家开放大学优秀毕业生评审流程

4. 国家开放大学总部对优秀毕业生如何奖励、表彰和宣传呢？

国家开放大学总部每年都评选优秀毕业生，向优秀毕业生颁发证书及奖品，同时印制优秀毕业生宣传册。总部、分部及学习中心采取多种形式开展优秀毕业生表彰活动。总部选择事迹特别突出的优秀毕业生，通过"国开之声"微信公众号、《中国电大报》、"中国网·国开在线"等媒体报道其优秀事迹，拍摄《求学人生》纪录片，展示优秀毕业生风采，宣传其优秀事迹。分部及学习中心通过广播、电视、网络、报纸等多种媒体对优秀毕业生的先进事迹进行宣传报道。

5. 国家开放大学各分部和学习中心设立了哪些学生评优项目？

为了发掘更多的学习典型，各分部还开展了优秀毕业生评选表彰活动，与总部一起形成了覆盖各类学生、多层次的学生评优体系。在分部，除了优秀毕业生的评选，还设立了优秀学生、优秀学习小组、优秀学生干部、百佳学习型家庭等评优项目，以更好地鼓励学生学习。学生只要符合相关的申请条件，就可以向所在分部提出申请。

6. 国家开放大学的哪些学生可以获得资助？

对于参加"一村一名大学生计划"、"开放教育——乡村振兴支持计划"、军士远程教育项目、"产业工人求学圆梦行动"的学生，以及贫困学生、残障学生等，总部和分部均会给予相应的支助。例如，对于参加"一村一名大学生计划"的学生，学校可根据具体情况减免其注册建档费、考试费、学费等；对于参加"开放教育——乡村振兴支持计划"的学生，学校可根据具体情况减免其注册建档费等。关于具体政策，学生可以咨询所在分部（学院）或学习中心。

学习活动五：了解学生事务服务　05

📝 评价与反思

1. 同学们，你们知道国家开放大学奖（助）学金的申请条件有哪些吗？

2. 同学们，你们知道国家开放大学优秀毕业生的申请条件有哪些吗？

3. 同学们，你们还了解国家开放大学各分部设立了哪些奖（助）学金和评优项目吗？

📖 拓展知识

校友风采

1. 奖学金获得者风采

龙四清，行政管理专业本科学生。为其所在村的柑橘注册"舞水牌"商标，"舞水牌"柑橘远销全国15个省市。荣获"全国三八红旗手""全国劳动模范"称号，为十八大代表。2012年度中央广播电视大学奖学金获得者。

杜丽群，行政管理专业本科学生。广西壮族自治区优秀护士、优秀共产党员。获得"南丁格尔奖""白求恩奖章""全国五一劳动奖章"，荣获"全国医德楷模""全国三八红旗手""中国好人"称号。2014年度国家开放大学奖学金获得者。

李万君，机械设计专业本科学生。他是我国的高铁焊接专家，进行技术攻关100余项，其中21项获国家专利。
荣获"全国优秀共产党员""感动中国2016年度人物""全国劳动模范"称号。2016年度国家开放大学奖学金获得者。

龙宁菊，"一村一名大学生计划"农业经济管理专业学生。获得"全国民族团结进步模范个人"称号。2020年度国家开放大学奖学金获得者。

2. 优秀毕业生风采

植志毅，法学专业本科毕业生。两次荣立广西壮族自治区贺州市公安局个人三等功。2012年被评为"广西壮族自治区缉毒破案能手"。
2012年荣立广西壮族自治区公安厅颁发的一等功，获得公安部颁发的"全国优秀人民警察"荣誉称号，以及"第十五届广西青年五四奖章""广西五一劳动奖章"。获得2012年度中央广播电视大学优秀毕业生称号。

徐西国，现代文员专业专科毕业生。多次被山东省泰安市邮政局评为"先进工作者""优秀投递员""优秀投递营销员"。其先进事迹被山东电视台、泰安电视台拍成专题片，并且当选为"中国好人"。获得2014年度中央广播电视大学优秀毕业生称号。

柳兆林，工商管理专业本科毕业生。他参与了多个国家级重点工程和项目。荣获"武汉市第十五届劳动模范""湖北省创新能手""中央企业优秀共产党员""集团公司技术能手""公司优秀共产党员""全国技术能手""武汉市大城工匠"等称号，享受国务院政府特殊津贴。获得2017年度国家开放大学优秀毕业生称号。

陈启佳，数控技术专业专科毕业生。荣获"全国技术能手""广州市技术创新能手"等称号。在第44届世界技能大赛中，他代表中

国参加CAD机械设计项目的角逐，最终夺得银牌。获得2018年度国家开放大学优秀毕业生称号。

余小龙，农村经济管理专业专科毕业生。荣获"全国农村青年致富带头人""湖南省十大农产品网络销售达人"等称号。2021年，他代表国家开放大学参加第七届中国国际"互联网+"大学生创新创业大赛获得国赛银奖。获得2021年度国家开放大学优秀毕业生称号。

3. 杰出校友风采

谭建荣，国家开放大学1982届机械工程和电子工程双专业专科毕业生。机械工程专家，中国工程院院士，浙江大学求是特聘教授、博士生导师。获得"科技部十五863先进个人"称号及"科技部十一五国家科技计划执行突出贡献奖"。

董明，国家开放大学2015届行政管理专业本科毕业生。任国家开放大学武汉分部教师、团委副书记，全国青联委员，北京奥运会火炬手、伦敦奥运会火炬手。获得"全国道德模范""全国自强模范""全国百名优秀志愿者"称号，以及"中国青年五四奖章"。

王忠心，国家开放大学2013届行政管理专业专科毕业生。"八一勋章"获得者、原火箭军一级军士长，能够操控3种型号导弹，精通19个导弹测控岗位，圆满完成重大任务30多次，荣立二等功1次、三等功2次，荣获全军士官优秀人才奖4次。荣获"最美奋斗者""全国道德模范""全军爱军精武标兵""全军优秀共产党员"等称号。

李城外，国家开放大学1985届汉语言文学专业专科毕业生。任中国作家协会会员、中华诗词学会会员、世界华文文学家学会会员。获得"湖北省五四青年奖章"，荣获"全国书香之家"等称号。

梅莲，国家开放大学2000届临床医学专业专科毕业生。扎根基层为各族职工群众从事医疗健康服务34年。获得"全国五一劳动奖章""白求恩奖章""全国各族青年团结进步优秀奖"，荣获"全国三八红旗手""全国优秀基层乡村医生""建国以来感动兵团100人物"等称号。

林则银，国家开放大学2013届行政管理专业本科毕业生。2007年从云贵高原布依族山寨来到天津，在社区工作14年。获得"全国抗疫先进个人""全国三八红旗手""全国百名百姓学习之星"等29项荣誉。2021年，作为"第八届全国道德模范提名奖"获得者，受到习近平总书记的亲切会见。

附 表

2023年春季招生专业

一、高中起点本科（简称高起本）专业

序号	层次	专业名称	类型
1	高起本	软件工程	开放
2	高起本	工商管理	开放
3	高起本	会计学	开放
4	高起本	学前教育	开放
5	高起本	汉语言文学	开放
6	高起本	园林	一村一
7	高起本	园艺	一村一
8	高起本	护理学	开放
9	高起本	药学	开放
10	高起本	法学	开放
11	高起本	健康服务与管理	开放
12	高起本	行政管理	开放

二、专科起点本科（简称专升本）专业

序号	层次	专业名称	类型
1	专升本	金融学	开放
2	专升本	法学	开放
3	专升本	社会工作	开放
4	专升本	学前教育	开放
5	专升本	学前教育（0-3岁婴幼儿教育方向）	开放
6	专升本	小学教育	开放

续表

二、专科起点本科（简称专升本）专业

序号	层次	专业名称	类型
7	专升本	社会体育指导与管理	开放
8	专升本	汉语言文学	开放
9	专升本	汉语言文学（师范方向）	开放
10	专升本	汉语言	开放
11	专升本	汉语国际教育	开放
12	专升本	英语	开放
13	专升本	商务英语	开放
14	专升本	广告学	开放
15	专升本	数学与应用数学	开放
16	专升本	机械设计制造及其自动化	开放
17	专升本	机械设计制造及其自动化（矿山机械方向）	开放
18	专升本	机械设计制造及其自动化（导弹工程方向）	开放
19	专升本	机械设计制造及其自动化（航空军械工程方向）	开放
20	专升本	车辆工程	开放
21	专升本	车辆工程（车辆装备技术保障方向）	开放
22	专升本	汽车服务工程	开放
23	专升本	机器人工程	开放
24	专升本	计算机科学与技术	开放
25	专升本	软件工程	开放
26	专升本	数据科学与大数据技术	开放
27	专升本	土木工程	开放

续表

二、专科起点本科（简称专升本）专业

序号	层次	专业名称	类型
28	专升本	水利水电工程	开放
29	专升本	测绘工程	开放
30	专升本	化学工程与工艺	开放
31	专升本	化学工程与工艺（洁净煤方向）	开放
32	专升本	采矿工程	开放
33	专升本	飞行器动力工程	开放
34	专升本	园艺	一村一
35	专升本	园林	一村一
36	专升本	药学	开放
37	专升本	护理学	开放
38	专升本	工程管理	开放
39	专升本	工程造价	开放
40	专升本	工商管理	开放
41	专升本	市场营销	开放
42	专升本	会计学	开放
43	专升本	财务管理	开放
44	专升本	人力资源管理	开放
45	专升本	物业管理	开放
46	专升本	农村区域发展	一村一
47	专升本	公共事业管理（卫生事业管理方向）	开放
48	专升本	公共事业管理（学校管理方向）	开放
49	专升本	公共事业管理（家庭及社会教育指导方向）	开放

续表

二、专科起点本科（简称专升本）专业

序号	层次	专业名称	类型
50	专升本	健康服务与管理	开放
51	专升本	行政管理	开放
52	专升本	行政管理（村镇管理方向）	一村一
53	专升本	物流管理	开放
54	专升本	电子商务	开放
55	专升本	酒店管理	开放
56	专升本	会展经济与管理	开放
57	专升本	书法学	开放

三、高中起点专科（简称高起专）专业

序号	层次	专业名称	类型
1	高起专	园艺技术	一村一
2	高起专	园艺技术（都市园艺方向）	开放
3	高起专	设施农业与装备	一村一
4	高起专	休闲农业经营与管理	一村一
5	高起专	现代农业经济管理	一村一
6	高起专	现代农业经济管理（农村电商方向）	一村一
7	高起专	林业技术	一村一
8	高起专	园林技术	一村一
9	高起专	畜牧兽医	一村一
10	高起专	测绘工程技术	开放
11	高起专	煤矿智能开采技术	助力计划
12	高起专	通风技术与安全管理	助力计划

续表

三、高中起点专科（简称高起专）专业

序号	层次	专业名称	类型
13	高起专	矿山机电与智能装备（矿山机电设备运行与管理方向）	助力计划
14	高起专	安全技术与管理	助力计划
15	高起专	热能动力工程技术	助力计划
16	高起专	风力发电工程技术	助力计划
17	高起专	建筑工程技术	开放
18	高起专	工程造价	开放
19	高起专	建设工程管理	开放
20	高起专	城市燃气工程技术	助力计划
21	高起专	现代物业管理	开放
22	高起专	水利水电工程智能管理	开放
23	高起专	数控技术	开放＋助力
24	高起专	机械制造及自动化	开放
25	高起专	材料成型及控制技术	助力计划
26	高起专	智能焊接技术	助力计划
27	高起专	模具设计与制造	助力计划
28	高起专	机电一体化技术	开放＋助力
29	高起专	机电一体化技术（电梯方向）	助力计划
30	高起专	智能控制技术	开放
31	高起专	电气自动化技术	助力计划
32	高起专	飞机机载设备装配调试技术	开放
33	高起专	应用化工技术	助力计划

续表

三、高中起点专科（简称高起专）专业

序号	层次	专业名称	类型
34	高起专	应用化工技术（能源化工方向）	助力计划
35	高起专	分析检验技术	开放
36	高起专	食品智能加工技术	一村一
37	高起专	药品经营与管理	开放
38	高起专	道路与桥梁工程技术	开放
39	高起专	汽车技术服务与营销	开放+助力
40	高起专	汽车检测与维修技术	开放+助力
41	高起专	国际邮轮乘务管理	开放
42	高起专	空中乘务	助力计划
43	高起专	城市轨道交通运营管理	开放+助力
44	高起专	邮政快递运营管理	开放
45	高起专	电子信息工程技术（电子产品工艺与维护方向）	助力计划
46	高起专	移动互联应用技术	助力计划
47	高起专	计算机网络技术（网络管理方向）	开放+助力
48	高起专	计算机网络技术（网页设计方向）	开放+助力
49	高起专	计算机网络技术（楼宇智能化技术方向）	开放
50	高起专	软件技术	开放
51	高起专	大数据技术	开放+助力
52	高起专	信息安全技术应用	开放
53	高起专	虚拟现实技术应用	开放
54	高起专	移动应用开发	开放

续表

三、高中起点专科（简称高起专）专业

序号	层次	专业名称	类型
55	高起专	智能互联网络技术	开放
56	高起专	护理	开放
57	高起专	药学	开放
58	高起专	药学（天然药物方向）	开放
59	高起专	中药学	开放
60	高起专	中医养生保健	开放
61	高起专	健康管理	开放
62	高起专	眼视光技术	助力计划
63	高起专	金融服务与管理	开放
64	高起专	保险实务	开放
65	高起专	信用管理	开放
66	高起专	财富管理	开放
67	高起专	大数据与会计	开放
68	高起专	工商企业管理	开放
69	高起专	工商企业管理（乡镇企业管理方向）	一村一
70	高起专	工商企业管理（企业现场管理方向）	助力计划
71	高起专	连锁经营与管理	助力计划
72	高起专	市场营销	开放
73	高起专	电子商务	开放
74	高起专	电子商务（农副产品营销方向）	一村一
75	高起专	现代物流管理（国际航运方向）	助力计划
76	高起专	现代物流管理	开放+助力

续表

三、高中起点专科（简称高起专）专业

序号	层次	专业名称	类型
77	高起专	旅游管理	开放
78	高起专	酒店管理与数字化运营	开放
79	高起专	茶艺与茶文化（茶叶评审与营销方向）	开放
80	高起专	茶艺与茶文化（茶文化方向）	开放
81	高起专	智慧景区开发与管理（乡村旅游开发与管理方向）	开放
82	高起专	会展策划与管理	助力计划
83	高起专	数字媒体艺术设计	开放+助力
84	高起专	服装与服饰设计	开放
85	高起专	广告艺术设计	开放
86	高起专	室内艺术设计	开放
87	高起专	中国少数民族语言文化	开放
88	高起专	传播与策划	开放
89	高起专	学前教育	开放
90	高起专	小学教育	开放
91	高起专	应用韩语	开放
92	高起专	中文	开放
93	高起专	社会体育	开放
94	高起专	体育运营与管理	开放
95	高起专	法律事务	开放
96	高起专	法律事务（农村法律服务方向）	一村一
97	高起专	社会工作	开放

续表

三、高中起点专科（简称高起专）专业

序号	层次	专业名称	类型
98	高起专	社会工作（老年方向）	开放
99	高起专	社会工作（国防动员与国防教育方向）	开放
100	高起专	党务工作	开放
101	高起专	社区管理与服务	开放
102	高起专	人力资源管理	开放
103	高起专	劳动与社会保障（劳动关系协调方向）	开放
104	高起专	公共事务管理（学校及社会教育管理方向）	开放
105	高起专	行政管理	开放
106	高起专	行政管理（乡村管理方向）	一村一
107	高起专	行政管理（基层管理方向）	开放
108	高起专	现代家政服务与管理	开放
109	高起专	智慧健康养老服务与管理	开放
110	高起专	应用英语（商务交际方向）	开放
111	高起专	应用英语（语言教学方向）	开放
112	高起专	应用英语（文旅服务方向）	开放

国家开放大学学习指南

课程组

主　　编：《国家开放大学学习指南》编写组
课程组长：古小华
主持教师：古小华　申　娟